O ENIGMA ORIDES

copyright Hedra
edição brasileira© Hedra 2015

edição Jorge Sallum e Luis Dolhnikoff
assistência editorial Luan Maitan
preparação Luis Dolhnikoff
iconografia Gustavo de Castro
capa Julio Dui
imagem da capa Inêz Guerreiro
ISBN 978-85-7715-372-5
corpo editorial Adriano Scatolin,
Caio Gagliardi,
Jorge Sallum,
Luis Dolhnikoff,
Oliver Tolle,
Ricardo Musse,
Ricardo Valle,
Tales Ab'Saber

Grafia atualizada segundo o Acordo Ortográfico da Língua Portuguesa de 1990, em vigor no Brasil desde 2009.

Direitos reservados em língua portuguesa somente para o Brasil

EDITORA HEDRA LTDA.
R. Fradique Coutinho, 1139 (subsolo)
05416–011 São Paulo SP Brasil
Telefone/Fax +55 11 3097 8304

editora@hedra.com.br
www.hedra.com.br

Foi feito o depósito legal.

O ENIGMA ORIDES
Gustavo de Castro

1ª edição

São Paulo_2015

Sumário

Introdução, *por Gustavo de Castro*   11
1. *Que século, meu Deus!*, disseram os ratos   15
2. O Abismo atrai   21
3. Tenho o manto de Buda, que é nenhum   25
4. Entre o chão e o signo   31
5. Mesclados: o mel e o mal   37
6. Do ser em mim: segredo e contingência   43
7. Os passos consomem-se   51
8. Comungando a oferta pura das coisas   57
9. A infância volta devagarinho   63
10. As montanhas arcaicas, ventre   69
11. Trovões transportam raízes   75
12. A liberdade das águas   83
13. O tempo pingando nos olhos   87
14. A fonte serena expande-se   91
15. Muito além é o país do acolhimento   101
16. A intensa angústia da fronteira em que estamos   107
17. O ventre do caos   113
18. Sem rota sem ciclo sem círculo   141
19. Há um tempo para desviver   145
20. A vida é que nos tem: nada mais   149
21. Só o nascimento grita   155
22. Só existe o impossível   169
23. Reteso o arco e o sonho   171
24. Incendiada doçura   175

25. Capturada em fria plenitude 177
26. Cria um amor fluente e sempre vivo 181
27. Podemos morrer, inocentemente 185
28. No abismo das lúcidas origens 189
29. Para ser simples, é preciso ser poeta 195
30. O que é tão puro que enlouquece as flores 201

REFERÊNCIAS 203

TESTAMENTOS 211

SOBRE POESIA E FILOSOFIA 219

POEMAS — ORIGINAIS 227

À Nanã.

Agradeço especialmente a Renata Curzel, Gerda Schoeder, Sílvio Rodrigues, Antonio Candido, Davi Arrigucci Jr., Donizete Galvão e a todos os que me contaram suas histórias. Sou grato também a Elizabeth Hazin, Emanuel Nascimento, Samarone Lima, Florence Dravet, Marcelo Costa, Claudia Busato, Maria Eugenia Stievano, Luiza Spínola, Érika Magalhães, Lunde Braghini, Sérgio de Sá, Maria Helena Teixeira e Maria Célia Marcondes. Agradeço ainda à equipe do *Rumos Itaú Cultural 2014* e à editora Hedra.

Vemos por espelho
e enigma

(mas haverá outra forma
de ver?)

Orides Fontela

Introdução
A história de um Enigma

Em uma noite de abril de 2009, durante um pesadelo que tive com Orides Fontela (1940–1998), ela berrou no meu ouvido: "Seu vagabundo, encontre logo os meus poemas perdidos!". No sonho, ela avançava para cima de mim, com o dedo em riste, gritando e exigindo que eu me mexesse da cama: "Vamos, levanta daí, ora bolas!".

Ao acordar do pesadelo, minha primeira atitude foi a de levar aquele sonho a sério. Algo parecido já havia acontecido comigo, em 1998, quando sonhara com o escritor Italo Calvino (1923–1995), fato que acabou redundando em minha tese. Em relação a Orides Fontela, eu não sabia muita coisa a seu respeito; apenas conhecia e admirava seus poemas.

Naquele mesmo mês, abri um caderno de anotações, comecei a dar telefonemas, enviar e-mails com pedidos de entrevistas e a viajar regularmente para São Paulo, onde já havia morado anos antes. O que eu buscava não era apenas localizar poemas, mas vestígios e fragmentos de histórias daquela que eu considerava uma das grandes poetas brasileiras. Uma das minhas primeiras surpresas foi saber que havíamos sido quase vizinhos, enquanto ela vivera na Rua Cesário Mota, e eu, no mesmo período, na Rua Canuto do Val, na Vila Buarque, centro da cidade.

Entre 2009 e 2012, não pensei em outra coisa senão em reunir esses vestígios e contar a sua história. Meu desejo era o de compartilhar a história de uma poeta filósofa e mística; caótica e equilibrada; zen-budista e, nos últimos tempos, umbandista. Meu objetivo era o de capturar o seu gesto poético, algo que, para mim, significava entender também sua revolta e rebeldia. Aos poucos, fui percebendo que havia nela, além de um gesto poético, um gesto ético, profundo: Orides se fazia intérprete (e crítica) dos destinos da mulher pobre e do poeta brasileiro de seu tempo.

Ao final do processo, eu havia realizado viagens à São João da Boa Vista (sua terra natal); percorrido pensões, biombos e quitinetes do centro de São Paulo, onde ela vivera; entrevistado pessoas que conviveram direta ou indiretamente com ela, como Gerda Schoeder, Renata Curzel, Sílvio Rodrigues, Davi Arrigucci Jr., Antonio Candido, José Miguel Wisnik, Alcides Villaça, Leda Tenório da Motta, Humberto Werneck, Olgária Matos, Scarlett Marton, Grover Calderon, Luis Fernando Emediato, Ana Maria Salomão, Maria Fernanda Santa Cruz, Ieda Abreu, Donizete Galvão, Rosa Mettifogo, Humberto Pereira, Celso de Alencar, Maria Helena Teixeira de Oliveira, Maria Célia de Campos Marcondes, Neuza Menezes, José Marcondes, Geraldo Florsheim, José Rodrigo Rodriguez, Alberto Pucheu, Elizabeth Hazin e a direção da Escola Estadual Marisa de Melo, na Penha.

Em 2011, tive a sorte de encontrar nos arquivos pessoais da poeta, em propriedade de seu advogado Silvio Rodrigues, e no apartamento da amiga Gerda Schoeder, os tais poemas perdidos. Eles realmente existiam e estavam guardados dentro de livros, em papéis avulsos jogados em pastas, ou escritos em diários e cadernos, às vezes, nas contracapas dos livros que Orides lia. Alguns estavam datilografados, com correções feitas à mão pela própria poeta. Todos esses poemas inéditos entram agora para as obras completas editadas pela Hedra, em conjunto com esta biografia. Dada a importância da poeta para literatura contemporânea do país, é necessário que o seu acervo seja reunido e organizado.

Quanto a mim, ao encontrar esses poemas, foi o sinal de que eu não havia me enganado ao levar aquele pesadelo a sério. Era a hora de reunir todo o material e contar uma história. Busquei inspiração para isso nos modelos dos perfis biográficos dos romances-reportagens, porque, entre outros motivos, eu tinha (e tenho) uma trajetória dedicada ao estudo da relação da literatura com a comunicação e o jornalismo. O romance-reportagem, como se sabe, não se imiscui ao ficcional, ao contrário, alimenta-se dele, seja pelo recurso da imaginação ou pela técnica do ponto de vista.

Um romance-reportagem escrito ao estilo de um perfil biográfico, a meu ver, facilitava as coisas, pois se tratava de um gênero que se detinha na essência do relato: o ser humano em sua trajetória através da vida, com destaque para os eventos nos quais se envolvia e para a sua cosmovisão. Construí o perfil de Orides quase que montando quebra-cabeças de peças desconexas. O ficcional me ajudou justamente neste ponto: quando, no quebra-cabeças, me faltava uma peça, laboriosamente a imaginava em seus deslocamentos, e a completava no conjunto.

Essa técnica exigia um uso do ficcional de forma mirrada e econômica, mas na estrutura geral instituía um trajeto simultaneamente imaginativo e realista; simultaneamente linear e não-linear, pois significava poder confrontar a linha do tempo de Orides (no entendimento de sua vida por um percurso longitudinal) às suas ideias fixas, paixões, idílios, documentos, cenários, fotografias, vídeos, registros de leitura, escritas de poemas e organização de livros (no entendimento do sua vida pelo percurso amoroso de ideias-força).

Não é fácil apostar em um relato que une imaginação e registro. Justamente por isso sou imensamente grato ao *Rumos Itaú Cultural 2014* que selecionou este livro na categoria "Literatura", elevando seu *status* muito além do romance-documento. Por fim, devo dizer que apostar naquele pesadelo noturno significou para mim a experiência com o estranho e com o absurdo; além da convivência com este fascinante *enigma* poético chamado Orides Fontela.

Gustavo, Brasília, outubro de 2015.

1. *Que século, meu Deus!*, disseram os ratos

Em uma sexta-feira de julho, no meio de uma tarde fria e úmida, Orides Fontela saiu de seu cubículo alugado, na Rua Cesário Mota Jr., e, caminhando devagar, meio indecisa, dirigiu-se à padaria Olmea, a nove quadras dali. Enferma e claudicante, alternava os olhos para baixo e para os lados, evitando reconhecer pessoas próximas. O apartamento em que vivia ficava no nº 66, no sexto andar do edifício Tiatã, e não era muito limpo. Cheirava a mofo, era escuro e tinha poucos utensílios, misto de modéstia e descaso. Mesmo assim, estranhamente, tudo parecia ordenado e harmônico. Era um conjugado e havia mais espaços vazios do que móveis ou objetos.

Orides não tinha muitas coisas, além de gostar da sensação de abertura e vazio que o lugar proporcionava. Havia um pequeno sofá, uma prateleira com livros, a cadeira de balanço e a escrivaninha à janela, que anunciava o trabalho junto à contemplação. À mesa, a máquina de escrever Olivetti Studio 45, papéis brancos e canetas. Às vezes, o gato deitava-se ali. Ao lado da mesa, no chão, o cesto de lixo repleto de papéis amassados. Na parede da sala havia um pôster pichado. Era a obra do artista plástico John Howard, que chegou ao Brasil fugindo do serviço militar americano e traduziu alguns versos dela para o inglês.

Havia também um espelho redondo, do tamanho de uma calota de pneu, adornado em couro negro com motivos solares. Na sala não havia televisão nem toca-discos, o rádio também não se destacava na paisagem. Na pequena cozinha, um cesto de frutas com laranjas e bananas e um fogão. Não se via geladeira. Algumas panelas velhas, três pratos e potes de vidro em que guardava chá verde, pão e arroz integral, único alimento que cozinhava às vezes para si. Entre os utensílios, o bule oriental, lembrança dos tempos zen-budistas, com o qual servia chá verde às visitas. No quarto, um guarda-roupa grande e velho, que comprara de segunda mão, e o tatame onde dormia.

Todas as vezes que saía do apartamento — local que chamava "ninho" —, Orides experimentava uma sensação de derrota, que a envergonhava. Tinha 53 anos, estava aposentada há quatro e parecia mais velha do que realmente era. Seu olhar estava cansado para o evidente. Era simultaneamente incisivo e discreto; lugar-abrigo de sinais espontâneos. Caminhava devagar com a ajuda da bengala. A perna direita estava dura e voltava a doer com o frio. O tornozelo havia inchado novamente, e o joelho voltara a ranger, sequela de quatro atropelamentos. Orbitava os recônditos obscuros nos limites da existência. O frio da tarde intensificava seu silêncio. O ruído das falas e o trânsito da Vila Buarque adensavam a vontade de calar. Estava vestida com uma blusa de lã; o xale era roxo, a cor que mais usava. Os dias não estavam fáceis. Haviam cortado a luz do seu "ninho". Era metade do mês e o dinheiro já havia acabado. Enquanto movia a bengala, olhava para o chão e murmurava: "O que vou fazer, o que vou fazer, meu Deus!". Arrastou-se devagar até a padaria de Olmea, que prometera ajudá-la caso precisasse. Tentaria pegar emprestado o dinheiro e quitar o débito da luz. Não era a primeira vez que ficava no escuro, nem a última que pediria dinheiro emprestado ao amigo. Quando cortavam sua luz, lia e escrevia mergulhada na penumbra. Ao chegar à padaria, o olhar desesperado anunciou a angústia. Olmea reconheceu a aflição e chamou-a. Pediu para Jeruso, o empregado faz-tudo, que servisse café e um pedaço de bolo. Não que Orides estivesse com fome, quase nunca sentia fome, talvez por isso Olmea lhe oferecia comida; deixava-a "beliscar" o que quisesse, temia a magreza excessiva da amiga. Sem se envolver pela aflição de Orides, o padeiro puxou assunto com ela.

— Seu amigo, Sílvio, quer vê-la. Acho que quer gravar uma entrevista.

Orides fez de conta que o assunto não era com ela. Seu olhar estava distante. E não tinha entrevistas em grande conta.

Naquele final de tarde, ela estava particularmente agitada, tentava conter, como de costume, a inquietação. Balbuciava as palavras. O desespero sufocava o verbo: o caos havia encontrado em seus olhos um abrigo incontornável.

— *Alta agonia* —, disse a muito custo Orides.

— *Difícil prova* — respondeu Olmea, citando de memória o primeiro verso de um antigo soneto, escrito por ela aos 23 anos, exatamente trinta anos antes.

> Alta agonia é ser, difícil prova:
> entre metamorfoses, superar-se.

— Cortaram a luz do meu ninho, Olmea. Como posso viver assim? Olmea não disse nada. Passou a mão no jaleco da padaria, alisou o bigode, recordou as últimas dificuldades e agruras da amiga nos tempos pós-plano Collor. Quando teve sua poupança confiscada, em 1990, ela continha o dinheiro restante da bolsa de estudos da Fundação Vitae, que Antonio Candido lhe repassara integralmente.

Naquele ano de 1993, a inflação no país chegaria a 2.708%. Orides estava desesperada, e economicamente falida. Todos os seus amigos insistiam para ela deixar o centro de São Paulo e ir morar na periferia. Ao menor indício dessa possibilidade, se irritava e xingava o autor da proposta. "Não sou árvore para ser removida de São Paulo!". Depois de muita insistência, ainda olhou quartos e apartamentos na Zona Norte, mas desistiu imediatamente. Não se mudaria da região central.

Naqueles tempos duros, como em outros, ela não sobreviveria sem a ajuda de amigos. Eram anos difíceis. De 1980 a 1993, o país teve quatro moedas, cinco congelamentos de preços, nove planos de estabilização, 11 índices de inflação, 16 políticas salariais, 21 propostas para pagar a dívida externa e 54 mudanças na política de preços. Orides se equilibrava como podia nas finanças com sua aposentadoria de dois salários mínimos. Em janeiro daquele ano, o salário mínimo valia Cr$ 1.250.700,00: um milhão, 250 mil e 700 cruzeiros, moeda de muito pouco valor. Em julho, já estava em Cr$ 4.639.800,00. Correção nominal que não cobria o aumento explosivo do custo de vida. Foi nesse mês crítico que a poeta procurou o amigo padeiro.

Olmea perguntou onde estavam as contas atrasadas, chamou Jeruso e pediu que tirasse dinheiro do caixa e as fosse quitá-las antes que os bancos fechassem. Do próprio bolso, tirou também alguns trocados e deu a ela, que aceitou sem graça nem resistência. Pessoas entravam e saíam da padaria. Quintino Olmea e Orides Fontela, sem se darem conta, incorporavam a dimensão do tempo lento. O silêncio os unia. A poeta tomou o café e comeu sem vontade o pedaço do bolo.

— Pronto, Orides, vão religar a luz — disse Olmea depois de algum tempo, ao ver Jeruso voltar com as contas.

Ela não esboçou reação. Estava distante. A aflição não havia cessado com o fim do problema. Pegou a bengala e se preparou para sair. Olmea entendia o caos da amiga. Conhecera-a quando se mudou da Rua Barão de Tatuí, 326, para a Canuto do Val, 146. Sílvio Rodrigues os apresentara na festa de inauguração do novo apartamento. Antes de ir embora da padaria, Orides pediu um copo d'água. Saiu devagar, caminhando sem pressa até a porta. Ao passar pelo balcão, voltou o olhar a Olmea. Parecia a própria náusea. Não sorriu. Nem agradeceu.

2. O Abismo atrai

Orides fez o caminho de volta ao "ninho" pensando no que a sua vida se havia transformado. Estorvo. A ideia de suicídio a perseguia. Eram pensamentos obsessivos, semelhantes a um alarme intermitente. Há dias ela revisitava alguns de seus poemas, relia os livros, pedaços de papéis e cadernos de notas. Enquanto caminhava de volta ao apartamento, deteve-se mentalmente em um verso: "Entre metamorfoses superar-se".

Ao passar pela igreja Santa Cecília, parou e ergueu o rosto. Era seu caminho habitual. Dali seguiria pela Praça Alfredo Paulino, viraria à direita na Rua Jaguaribe, entrando à esquerda na Cesário Mota. Diante do campanário da igreja, respirou fundo, tomando consciência do cansaço. As pernas doíam. "A poesia é o impulso para o mais alto". A lembrança dos seus versos lhe causava uma inquietação resignada. Certa confusão de ânimos a fez preferir mudar de caminho. Melhor buscar alguma clareza num bar. Seguiu a Rua das Palmeiras, onde ficava o bar do Mombaça. Lá poderia beber em paz.

Em uma mesa no fundo, tomou em seguida três doses e depois bebeu água. Alternar água e cachaça era um velho hábito. Ficou calada o tempo todo, apesar de, em outras ocasiões, fazer minidiscursos em voz alta. Tomou a bengala, apoiou-se na mesa, o outro braço na parede, levantou-se trôpega, pagou a conta com o dinheiro de Olmea e saiu. Voltou pela Canuto do Val com a Veridiana, onde vivia David Arrigucci Jr. Parou diante do prédio do amigo. Melhor não aborrecê-lo. Ao chegar ao "ninho", o tempo tinha esfriado ainda mais. O gato veio se acercar dela, Orides passou-lhe a mão e seguiu para a cadeira de balanço. Estava tudo escuro. Esquecera o cansaço nas pernas, a cachaça despertara outras vontades. Que faria agora? Ficaria quieta na cadeira, meditando? Naquela noite, não. O frio, a escuridão e a aflição somavam-se aos desejos de superação. Os poemas que a memória revirava e o luminar de um estranho cárcere chamado "poesia" sacudiam-na. Ergueu-se da cadeira, seguiu sem bengala até a mesa de trabalho onde estava a Olivetti e, com os dedos indicadores, sob uma réstia de luz vinda da rua, de pé, escreveu:

  agoni
   and
    o

***

Ter levantado da cadeira e escrito a palavra não diminuía o tormento. Uma única palavra não era suficiente. No entanto, era tudo o que tinha. Tirou o papel da máquina, amassou-o e jogou fora.

Agora já pensava em sair de novo. Talvez devesse tomar outras doses, aproveitar o frio, torrar de vez o resto do dinheiro de Olmea. Olhou a cadeira de balanço, buscava algo e não sabia o quê. Melhor descansar. Arrastou-se até a cadeira e se sentou, dispersa em si mesma, discernindo a diferença entre pensar e meditar. Praticara por muitos anos a meditação zen, e conhecia a sensação de conseguir estados de atenção e apaziguamento, disciplina e sossego. Agora sua meditação começava pela palavra "agoni/and/o". Palavra-transporte para os fracassos da sua vida: os literários, os amorosos, os profissionais, o medo da loucura, as tentativas de suicídio, o autoexílio. Flutuando em seu "oceano de desassossegos".

A meditação prosseguia: no escuro, ouvia o ranger da cadeira de balanço, sentia o cheiro de mofo, observava as paredes do "ninho". Cadê o gato? Fitou a parede da sala e recordou a técnica zen que orientava a atenção na direção da parede. Nessa técnica, o praticante deveria se fixar, deter-se, contemplando em profundidade. A tentativa era de descortinar os detalhes da parede como se estivesse diante de uma tela ou de um quadro; fazer da proximidade um campo de distensão ou de abertura da visão. Entregue à observação, Orides voltou seu olhar para o espelho. Levantou a cabeça: no canto, havia uma teia de aranha que ainda não tinha visto. O "ninho" se adornava. Cadê o gato?

***

No zen-budismo, ela aprendera a controlar a angústia e a irritação, entendera a agudeza das relações entre meditação e pensamento; passara a praticá-las com objetividade. Filosofia e meditação se uniram em sua experiência poética. A filosofia ia além dos bancos da USP. Achava a "profissão do pensamento" um caminho obliterado, além de muito pouco privilegiado no país. Ou seria professora ou buscaria, nos filósofos, inspiração para os seus versos. Com a meditação descobrira a diferença entre o deixar fluir e o motivar, ou, como preferia, misturava ambos, pensamento e contemplação ativa. Acompanhar o próprio pensamento auxiliava a prática da auto-observação; prática de associar o voluntário e involuntário do mundo e de si. Orides dizia que poesia-e-pensamento tinha a ver com ética e imaginação.

Naqueles dias, entre os frequentadores da padaria estavam seus amigos, Renata Curzel, Gerda Schoeder e Sílvio Rodrigues. Sabiam que se ela ultrapassasse as três doses habituais (o que a fazia aumentar o tom da voz e se ruborizar), em algum momento, invariavelmente diria:

— Ainda vou reconquistar Augusto Massi!

Os copos não paravam no balcão da padaria quando se encontravam. Quase sempre era Sílvio o "coordenador dos trabalhos". Além de advogado, justificava a fama de boêmio porque, mal passado dos trinta, anunciava que iria fundar o Bela Vista Social Club, formado pelos "profissionais" do bairro. Admirador da espontaneidade de Orides, gostava também de sua postura diante a vida. Ela que, à pergunta "Como vai?", provavelmente responderia:

— Me sinto razoável. E, hoje, se sentir razoável já está muito bom.

3. Tenho o manto de Buda, que é nenhum

Orides está em seu "ninho". Balança-se no escuro. Escuta o ranger provocado pelo vaivém ritmado dos arcos da cadeira. A luz ainda não foi religada. Eremita na grande cidade, estima a solidão. As leituras de João da Cruz e Teresa D'ávila mantêm sua mística. Gosta de se ver assim, meditando ou lendo na cadeira, "claustro" ou ninho-eremitério, ermida anônima, aberta aos experimentos do silêncio.

A penumbra, apesar de Olmea haver pagado a conta de luz, condensa a cena. Ela analisa a teia de aranha. Olha de novo o espelho redondo e deseja se atirar dentro dele. Um conjunto insuspeitado de sons, talvez provocado pelo ranger ritmado da cadeira, desperta a lembrança do velho mantra: "aaauuummm". O som vem do passado, do monastério Busshinji, na Rua São Joaquim, Liberdade. Orides sorri: "aaauuummm...". Tempo em que o sossego era uma exigência.

Em 1972, Orides fora aceita no culto semanal do monastério Busshinji, primeiro centro Soto Zen na América do Sul. As seções de meditação (ou *sesshins*) acontecem às terças e sábados à noite desde 1955, quando o templo foi fundado, e, a princípio, eram reservadas somente aos japoneses. A partir de 1970, com a chegada do monge

Igarashi e a intervenção de Ricardo Mário Gonçalves, docente de História das Religiões da USP bastante respeitado pelos monges, as seções passam a ser abertas.

Orides está entre os primeiros praticantes regulares. Outro brasileiro é Geraldo Florsheim. Em 1972, Florsheim tem 21 anos e está se formando em biologia pela USP. Planeja o mestrado em História e Filosofia da Ciência e está, então, interessado na tradição oriental. Como a poeta, Florsheim se identifica com o silêncio e a austeridade. Ambos recebem o convite para se aprofundarem nos ensinamentos.

Aos poucos, Orides penetra no mundo dos mestres silenciosos, duros e secos no trato, alguns dos quais vagam pelo mundo, de mosteiro em mosteiro, até a morte. Nessa época, o monastério Busshinji recebe religiosos vindos do Japão, que ministram os cultos. Os monges mais antigos se revezam com os mais jovens nas atividades e no trato com os brasileiros, sobretudo em pequenas palestras. A poeta descobre os preceitos, as histórias e os ensinamentos: a tradição do chá, do cultivo das plantas, das flores e arranjos, o *ikebana*, a atividade mental, a renúncia, o desprendimento, a pobreza budista.

Às terças e aos sábados, as meditações começam pontualmente às 20 horas, e a poeta as frequenta ininterruptamente entre 1972 e 1976. O zen aplaca parte da agonia; oferece tranquilidade e paz, árduas conquistas. Em 1973, começa a prática do *ikebana*, no estilo *ikenobo*, o mais tradicional. Nas tardes e noites de quarta-feira, no Centro de Cultura Japonesa, ao lado do templo, dedica-se aos arranjos florais.

A busca da harmonia, a construção não-linear, o ritmo e a cor dos arranjos atraem os sentidos e a sensibilidade da poeta. O tempo dedicado à beleza, ao palimpsesto, o encanto das corolas, tules e guirlandas, o matiz dos tons das ramagens. Ela se dedica fielmente, e em pouco tempo consegue explorar caules, folhas e ramagens além dos habituais. O *ikebana* a fazia se lembrar de Álvaro, seu pai. Ele gostaria de vê-la tecer arranjos. Orides lhe diria que eles eram baseados no céu, na terra e na humanidade, e seu pai gostaria ainda mais.

Em 1976, ela viaja com o mestre Igarashi, que se desloca de São Paulo para o Espírito Santo, onde fundará o monastério Morro da Vargem, em Ibiraçu. Quando volta de viagem, Orides recebe o convite para ser iniciada no zen-budismo. Quase não se contém de alegria. Fica eufórica, sente que fora aceita na comunidade. Compra dois quimonos, sandálias e faixas. Nas semanas seguintes, ocorrem os ritos, um pouco do seu cabelo é cortado, *sutras* são lidos, ela é iniciada e recebe o nome de Myoshen Xingue, "Mente Florescida". É uma das primeiras brasileiras oficialmente iniciadas no zen-budismo. Como membro efetivo do monastério, Mente Florescida passa a usar, nas cerimônias públicas, o *japamala*, contas de orações, e o *rakasu*, o quimono dos iniciados.

Ela é dedicada. Interessa-se pelas atividades regulares, frequenta as meditações semanais do templo, e a cada dia admira ainda mais o mestre Tokuda Igarashi. "O aqui e o agora: frascos da alma", ele costuma dizer. Orides gosta da ideia. A linguagem do zen ecoa algo da linguagem poética, e ela reescreve em seus cadernos: "Aqui aconteço". Nota que mestre Tokuda conserva, como ela, a inquietação interior; alguém que tenta se domesticar pela dedicação à vida espiritual. Tokuda e os outros monges também observam a estranha brasileira agora iniciada no zen. Perguntam-se sobre a mulher solitária que emite pequenos ruídos enquanto medita. Um dos monges, Aníbal Ji Po, comenta sobre a "praticante meio esquisita, magrela e torta, de fala rápida e ríspida, que solta um barulho sem controle no meio da roda de praticantes, que fala algumas coisas coerentes e inesperadas e que tem aquela personalidade caótica".

Mestre Tokuda não tece comentários sobre a "praticante meio esquisita". Observou-a na viagem a Ibiruçu e durante os *sesshins* semanais. Entende que Mente Florescida mantém a inquietação interior, tentando domesticar a fúria e o caos. Sabe que ela preza o equilíbrio, embora — e talvez porque — viva o indomesticável. Nas vezes em que se falaram, Orides não deixou de lhe contar suas preferências, dizendo gostar do desprendimento, da disciplina e da seriedade da doutrina. Criticava mestre Sôkan Roshi, que considerava cordato e fraco, leniente. Como tinha dificuldade para meditar na posição de lótus — suas pernas não dobravam direito devido aos atropelamentos —, era obrigada a meditar de pé ou sentada, às vezes deitada, e mestre Tokuda não aliviava as coisas para ela. Mestre Sokan sim, o que a irritava. Tokuda exigia atenção e rigor na consciência corporal. "A mente deve acontecer aqui, neste instante", sussurrava para a discípula.

Em 1978, Florsheim participa com a poeta do primeiro retiro espiritual para não japoneses e não monges. Era a primeira vez que o templo abria as portas para receber, durante dez dias, praticantes dispostos a aprofundar seus aprendizados. Orides volta a ficar eufórica. Mesmo tendo sido iniciada, nunca havia experimentado a rotina da vida monacal. Arrumou a mala com os quimonos e se apresentou no portão do monastério bem cedo, no frio de julho.

Eram dez brasileiros, entre eles alguns descendentes de japoneses. Orides sentia-se orgulhosa. O retiro começou com as pessoas sendo instaladas nos tatames, onde dormiriam. Tudo foi minuciosamente explicado: atividades, horários, luzes e refeições. O retiro consistia em uma dura rotina de dezesseis horas de *sesshins* no *zendô*, a sala de meditação. Esta começava às 6, e eles eram acordados às 5 e meia. A poeta, mesmo com sono, participava de tudo com alegria: depois do desjejum, quatro horas seguidas de imobilidade ativa, intercalada com *sutras*, orações, exercícios e reverências. À tarde, mais meditação e a prática do *sumiê*, a caligrafia sagrada. À noite, após uma breve refeição à base de arroz e verdura semicozidas, nova seção de meditação.

Exigiam-se disciplina e atenção. Antes de se entrar no *zendô*, era preciso fazer uma longa e devotada reverência. Cada praticante deveria parar, respirar, fechar os olhos, unir as palmas das mãos, respirar novamente três vezes, abaixar-se, fazer uma reverência, levantar-se e, ritualisticamente, entrar no salão. Florsheim estava na porta do *zendô* com as mãos juntas quando sentiu alguém o cutucando. A poeta pede para ele se apressar. "Anda de uma vez com isso". Florsheim fica perplexo. Vira-se e dá passagem à praticante impaciente. Orides queria entrar logo no *zendô* e garantir seu lugar habitual. Tinha medo que alguém o ocupasse. O rigor ritualístico incomodava um pouco a poeta. A quietude não deixava de inquietá-la. No retiro, a praticante brasileira não passava despercebida. Enquanto meditava, emitia grunhidos, resmungos incompreensíveis e onomatopeias. Durante a refeição comum, engulha, golfa, liba-se sem modos à mesa; não se interessa por quem está ao lado ou à frente. Mestre Tokuda a observa: "Mente Florescida é o caos, e o caos jamais se aquieta".

No último dia do retiro, mestre Sokan decidiu pintar símbolos orientais em largos papéis retangulares. Faria *sumiês* e os entregaria a cada participante, como recordação. Sokan estava contente com o retiro histórico; todos foram convidados ao *zendô*: era a hora de entregar os desenhos sagrados aos brasileiros. Eles formaram uma fila, para aguardar a abertura do recinto. Quando mestre Sokan abre a porta e Orides vê de longe os *sumiês*, entusiasma-se mais do que o comum, seus olhos brilham, a ansiedade aumenta e ela dispara, sai correndo à frente de todos, gritando: "O mais bonito é meu! O mais bonito é meu!".

Constrangimento geral. Alguém diz:

— Mas, Orides, por favor, passamos dez dias praticando a quietude... Você não aprendeu nada?

— E o desprendimento? Você não entendeu nada sobre o desvanecimento do eu?

Mente Florescida não liga para o que dizem. Olha para os desenhos e rapidamente escolhe seu preferido: "O mais bonito é meu!".

4. Entre o chão e o signo

Além dos *sumiês*, o que ela achava encantador no zen era o silêncio. Notou que, mediante os *sesshins*, seu estado havia mudado: do silêncio solar de São João da Boa Vista, onde aprendera sobre a voz interior e a mística, surgia agora outra modalidade, o silêncio meditativo, impermanente e ativo. Era o silêncio autárquico. Quando começou a praticar o *ikebana*, a poeta pensou vezes seguidas que estava verdadeiramente a rearranjar a própria vida. Disciplinava o espírito desfraldando a "sabedoria das flores": o *ikebana* espelhava o disciplinamento interior. "Foi o período em que dei menos trabalho", diria à amiga Renata.

Quem também acompanhava seu interesse pelo zen era Shizuko Watanabe, descendente de japoneses, solteira, solitária e virgem, com problemas físicos, mentais e emocionais. Shizuko frequentava psiquiatras e tomava altas doses de remédios e, como Orides, sofria da incapacidade de manter e aprofundar interações sociais duradouras. Por volta de 1976, as duas ficaram ligadas através de Fred, um poodle gigante, com o qual se revezavam nos cuidados. Morariam juntas durante dois anos, e seriam amigas por dez. A poeta foi morar na casa de Shizuko por insistência dela, que era dona de um casarão semidestruído na Rua Fagundes, exatamente atrás do templo Busshinjin. Para fugir da solidão, alugava quartos para mulheres solteiras. Elas tinham de suportar, além do seu grande mau humor, seus muitos cães e gatos. Durante a Copa do Mundo de 1982, alugou um quarto para a poeta, contra a vontade de sua amiga Gerda: "Aquilo não é um quarto, é um moquifo! Você vai morar desse jeito? Cercada de xixi de cachorro?". Orides não ligava. A casa de Shizuko não tinha apenas cheiro de urina, havia também muito pelo de gato e fezes.

As duas levavam Fred, o poodle gigante, para as seções de meditação no Busshinjin, o que acabou se tornando um grande transtorno, pois o cão latia, lambia os praticantes e atropelava os monges. Todos se desesperavam, enquanto elas se revezavam com uma lata d'água que levavam a toda parte, para aplacar a sede do cão.

Sua sede era agora diferente. Orides frequentava regularmente três lugares nos cruzamentos da Avenida São João com a Alameda Nothmann: a padaria, o bar do Ladrão e o Mosca Frita. No "ninho", antes de se levantar, pigarreia um pouco. A seu modo, apressa-se lentamente. Ergue-se, deixando as lembranças na penumbra, pega a bengala e o guarda-chuva e, mancando, vai até a bolsa, no sofá. Põe o xale roxo e sai em direção ao Mosca Frita. O frio é intenso na madrugada de sábado.

Beber nas redondezas do Minhocão àquela época significava se reunir com alguns dos seres humanos mais desajustados de São Paulo. Nas ruas e becos adjacentes ao Elevado Costa e Silva, bares ficavam abertos 24 horas; malandros, viciados e traficantes, donos de bocas de fumo e prostitutas; guetos com moradias precárias, puteiros, pensões e botecos colados a outros botecos. Orides chegou ao Mosca Frita e não encontrou ninguém, depois passou pela padaria e foi até o bar do Ladrão. Estava com sorte: Gerda e Sílvio bebiam ali e já tremeluziam de alegria e álcool. Ao vê-la, Sílvio abriu um sorriso e gritou com a voz rouca e cavernosa: "Oridessss".

Sílvio conhecera Orides aos dezenove anos, quando estava com colegas do Largo de São Francisco em um bar próximo ao Minhocão. Alguém começou a falar de mitologia. Outro quis saber quem era a deusa da madrugada. Ficaram cogitando nomes, levantaram dúvidas, quando, do fundo do bar, ouviram uma voz estridente dizer:

— Eos.

Olharam para trás e viram Orides sentada, sozinha, cabelo em desalinho, fixando os olhos no seu copo de cachaça. Disse "Eos" e não falou mais nada. Convidaram a poeta para a sua mesa. Ela aceitou. Desde então ficaram amigos. Quando estavam juntos, Orides ouvia Sílvio com ar satisfeito e sorria sem excesso, tentando não esconder o prazer que sentia em sua presença. Sabiam o valor que tinham um para o outro. Sílvio gostava de falar da amiga, ressaltava sua impaciência com a mediocridade. Quando alguém dizia que a poesia era trabalho árduo, ela respondia:

— Trabalho muito pouco. Se acreditasse que poesia é trabalho, faria outra coisa, porque não gosto de trabalhar.

E prosseguiu:

— Minha profissão não deu certo, namoro e tudo mais não deram em nada, enfim, sobraram só meus livrinhos. Mas já é alguma coisa. Para muita gente não sobra nem isso... Fazer poesia como profissão é completamente absurdo. Nem apoio universitário a gente tem.

— E como você administra a vida? — Sílvio perguntou.

— Como assim, "administrar a vida"? Pobre não administra a vida. Pobre sobrevive. E a poesia só acontece quando quer.

— Aconteceu com você?

— Geralmente sou uma poeta inspirada, quer dizer, o poema surge, escrevo, tomo nota, às vezes ele surge perfeito, às vezes imperfeito e tem que ser retrabalhado, mas normalmente é assim, ele "pinta na cabeça" e nada mais do que isso.

— Nada mais do que isso?

— Não dá para definir mais nada. A poesia é a arte da linguagem. Realmente não sei definir a poesia, nem vou tentar. Há poemas meus que não entendo direito, mas sou poeta, não crítica, e a explicação dos críticos pode me deixar perfeitamente constrangida. A criação é muitas vezes misteriosa. Se a gente vai pelo caminho certo não cria absolutamente nada. O poeta resgata o valor das palavras, enquanto a publicidade e outras coisas as barateiam. O poeta não, ele tem de pegar a palavra em seu vigor, em sua plena idade, por isso a poesia é importante, mas é uma importância que quase nunca se nota. O eu lírico é uma coisa, o eu real infelizmente é outra. A gente faz poesia mas tem de viver de prosa, tem de cuidar da vida.

E continuou:

— Estava achando minha poesia um pouco esnobe, um pouco hermética demais. Tentei voltar minha poesia um pouco para o cotidiano e fazer uma coisa mais concreta. Não concreta no sentido do concretismo, mas no sentido de não ser tão etérea. Não sei se consegui. Mais ou menos.

— Você se refere a que livro?

— No que estou escrevendo agora.

Era *Teia*. Depois disso, a poeta entrou em um silêncio irredutível, e ninguém à mesa foi capaz de resgatá-la. Mudaram de assunto. Ela ficou ali, absorta, acompanhando tudo a seu modo, ao mesmo tempo presente e ausente.

5. Mesclados: o mel e o mal

Sílvio pagou a conta, e a levou para casa. Orides subiu para o seu "ninho", abriu a porta e a fechou sem trancar. Não quis saber se a luz havia voltado ou não. Caiu no tatame e "apagou", mal teve tempo de tirar os óculos. Sílvio também foi deixar Gerda em casa. Quando entrou, ao contrário de Orides, não caiu na cama, foi para a sacada do apartamento, nas franjas das pistas do Elevado Costa e Silva, fumar e cantarolar boleros de Elizeth Cardozo.

Mesmo cansada, desgastada e doente, Gerda Schoeder foi quem mais se dedicou a Orides. Foi sua amiga inseparável por 32 anos. Era também, dos amigos de longa data, a única que a suportava na intimidade. Quando a poeta foi morar em São Paulo, vindo de São João da Boa Vista, no início de 1968, ficou hospedada no Largo do Paisandú, depois, na Praça Marechal Deodoro, mas logo se mudou para a residência estudantil na Cidade Universitária. Assim que conseguiu se instalar, passou a dividir o quarto com uma jovem de grandes olhos azuis, loira, bela e livre. Gerda tinha, então, 33 anos.

Nascera em Ijuí, Rio Grande do Sul. Filha e neta de adventistas, sua formação fora puritana e rígida. Aos seis meses, o pai, Teodoro, "um grande filho da puta", abandonou sua mãe e sumiu. Hildegard Schoeder foi morar com a filha em Quatá, oeste de São Paulo, trabalhando para a igreja, cuidando de doentes e velhos. A vida na pequena cidade, porém, não a agradava, e ela se mudou para São Paulo. Gerda tinha 13 anos. Queria estudar, mas acabou indo trabalhar como empregada doméstica.

Inesperadamente, Teodoro Schoeder, "o grande filho da puta", reapareceu. Queria conhecer a bela filha, talvez com a intenção de torná-la sua nova mulher. Hildegard e Gerda fugiram da cidade, ficando na casa de amigos até Teodoro voltar a desaparecer. Gerda, aos quinze anos, foi para o Colégio Adventista, onde finalmente, em troca de trabalho, conseguiu estudar. Pela manhã ia às aulas e à tarde trabalhava como doméstica para o pastor. "Minha formação adventista foi a pior das viagens", dizia. "Demorei-me demais nessa religião besta e repressiva". Apesar de bonita, ou também por ser bonita, o fato de ser pobre e empregada doméstica a tornava um alvo constante de humilhações. "Mas nunca gostei de ser a coitadinha". Aos dezoito anos, começou a vender revistas; mudou-se para o Capão Redondo, depois para a Capelinha, quando apareceram os primeiros namorados e as perspectivas de uma vida diferente, com o final do curso de normalista. Mas quando fez vinte anos, Gerda ficou grávida e, não tendo como cuidar da criança, entregou-o para a Sociedade Espírita de São Paulo. Acompanhava à distância o crescimento do menino, que foi morar em Tatuí. Aos 19 anos, seu filho sofreu um acidente de carro, que o deixou com lesões cerebrais e sequelas até morrer, duas décadas depois. "Eu morria com ele, morri com ele durante vinte anos".

No final dos anos de 1960, Gerda largou a religião, parou de vender revistas e decidiu fazer a faculdade de direito do Largo de São Francisco. Sem ter onde morar, procurou a reitoria da USP. Solicitava autorização para viver na Casa do Estudante. Ela se tornaria a primeira mulher a ser admitida na Casa da Avenida São João, fundada em 1948. Até 1968, só homens podiam morar ali. Em seguida, Gerda se mudou para o CRUSP, no campus do Butantã, na Cidade Universitária.

Perto do fim do ano, Orides bateu à sua porta, se oferecendo para ser sua companheira de quarto. Gerda deixou-a entrar. Era magra, ombros altos e um pouco largos, cintura baixa e nenhum quadril; calçava sandálias franciscanas de couro gastas, vestia uma bermuda colorida estampada com caras de palhaços, blusa branca, mochila, cabelos curtos e óculos imensos. O rosto era quadrado, o nariz meio adunco, os olhos miúdos, as orelhas grandes, a boca larga, com o lábio inferior pronunciado, o maxilar levemente aberto, a tez abatida. Notou que a moça parecia tosca: mãos largas, andava sem elegância, não pedia licença, as sobrancelhas não eram feitas, gesticulava sem suavidade, e as orelhas não eram furadas. Os olhos pareciam afetados pela miopia, ora ficavam contraídos e sorridentes, ora pareciam frios e opacos, então tristes e caídos. Não parecia afetuosa, mas era direta e prática, além de engraçada e talvez excessivamente mimada. Não tinha prática nem interesse nos serviços domésticos, e se notava alguma religiosidade pelo pequeno crucifixo no pescoço. Gerda hesitou e temeu pela convivência, mas decidiu confiar no seu vozeirão: se precisasse, falaria mais alto; aceitou-a no quarto.

No dia seguinte, Orides trouxe uma mala com algumas roupas e a mochila com alguns livros. Gerda ajudou a desfazer a mala. Notou que a nova moradora não tinha sapatos, as roupas eram surradas e sem combinação de cores, não havia maquiagem, perfumes, prendedores de cabelo, nada que lembrasse a vaidade feminina. Na primeira conversa longa que tiveram, Orides confessou que seu grande fracasso era não ser ateia e, como não o conseguira, resignava-se em buscar experiências metafísicas. Havia tido alguns lampejos do "profundo": a busca do silêncio e da simplicidade, a atenção à natureza e à vida interior, sobretudo depois que sua prima lhe apresentara Fernando Pessoa. Tudo ficara então mais claro. Era uma mística em estado de devir.

Gerda e Orides se tornaram inseparáveis. Gerda amadureceu sua opinião sobre a moça que não prestava atenção em nada. A distraída que atravessava a rua sem olhar para os lados. "Era ao mesmo tempo maravilhosa e insuportável". Às vezes brigavam, e Gerda não só alterava a voz como avançava para cima dela: "Batia nas costas e na bunda, como se faz com uma criança. Eu lhe disse: 'Se os seus pais não lhe ensinaram modos, eu vou ensinar!' ".

Gerda lhe ensinaria também outras coisas. Introduziu a amiga no sexo, nas drogas, nos bares e na bebida. Iam ao teatro, ao cinema, shows e clubes. Quando Gerda lhe ofereceu maconha, tossiu até engasgar e nunca mais quis fumar qualquer coisa. O mesmo não aconteceu com a cachaça: Orides logo aprendeu a alternar um trago com um copo d'água. Bêbada, saía falando sozinha pelo campus da USP.

Em março de 1969, pós-AI-5, as duas foram expulsas do CRUSP quando o exército o desocupou. Orides voltou com Gerda para a moradia estudantil da Avenida São João, mas não suportou o ambiente e se mudou de novo, primeiro para a Rua Olímpio da Silveira, depois para a Vitorino Camilo, em seguida para o Largo Marechal Deodoro. Gerda decidiu ficar sozinha, mesmo que hostilizada pelos estudantes. Seu estilo de vida era considerado "livre demais". Fumava, bebia e cantava: tinha escrito sambas-canções e os apresentado à Elizeth Cardoso no Teatro Record, na esperança de que fossem gravados. Não deu certo. Frequentava os melhores e os piores bares da região central de São Paulo, partilhando a mesa com todo tipo de gente. Fez cinco anos do curso de Direito, mas desistiu. Desistiu também da seletividade, e conheceu "homens sem futuro". No início dos anos 1970, decidiu viajar pelo Brasil de carona e, durante oito anos, alternou idas e vindas entre São Paulo e doze estados do país. Arrumou um namorado carioca e passou uma temporada no Rio.

Quando Gerda se cansou do amor praiano e das viagens de carona, também parou de beber. Voltou a fazer faxina e sobretudo a cuidar de Orides. Tornaram-se figuras frequentes nos lançamentos literários de São Paulo. Logo se espalhou a história de serem amantes. Na Casa do Estudante, Gerda migrava entre os apartamentos 23, 31 e 33. Mas onde quer que morasse, logo ficava conhecida. Fosse pela cantoria ou por gostar de amontoar bugigangas, objetos achados ou comprados no centro da cidade. Era aficionada por miniaturas. Nos anos 1980, tornou-se espírita. Depois, com Orides, passou a frequentar terreiros de umbanda. Oscilavam entre a reclusão espiritual e a exposição profana. Nos períodos de reclusão, passavam longos períodos em seus apartamentos, Gerda tricotando e Orides lendo. Quando minguava a fase religiosa, volta-

vam com mais força à boemia. Gerda a ouviu dizer certa vez:
— Depois de me aposentar da escola, depois do Plano Collor ter roubado todas as minhas economias, de ter sido atropelada, perder os óculos, alguns dentes e muitos amigos, o que me restou além da poesia?

> A poesia é
> impossível
>
> o amor é mais
> que impossível
>
> a vida, a morte loucamente
> impossíveis.
>
> Só a estrela, só a
> estrela
> existe
>
> — só existe o impossível.

6. Do ser em mim: segredo e contingência

A luz do "ninho" foi religada às 9 horas da manhã. Orides acordou às 11, de ressaca. Ao pôr os óculos, viu a claridade da sala e seus pensamentos se confundiram. A luz não estava cortada? Sem movimentos bruscos, a poeta levantou-se do tatame. Não percebeu a falta do gato. O frio permanecia intenso. Foi até a cozinha, abriu a torneira e bebeu a água quase gelada. Não sentia fome há semanas e não tomava banho há quatro dias. Não escovou os dentes. À roupa com que havia saído no dia anterior e dormido, acrescentou outro casaco; pôs um gorro na cabeça e saiu do "ninho" com o guarda-chuva e a bengala. Levou dois livros na bolsa. Esqueceu a luz da sala acesa. Não que fizesse diferença. "Em tudo pulsa / e penetra / o clamor / do indomesticável destino", como escrevera em "As coisas selvagens".

Entre as forças selvagens estava a poesia e, com a poesia, Orides era sem reservas. Filha de geração coirmã à de Clarice Lispector e afilhada intelectual de Martin Heidegger — que lia como poeta —, gostava de falar da poesia como se fosse a natureza primeira, equivalente às árvores, aos rios e às matas de São João da Boa Vista. Era sua mística pessoal. No mesmo poema, escreveu:

— a firme montanha
  o mar indomável
  o ardente
  silêncio —

em tudo pulsa
e penetra
o clamor
do indomesticável destino.

    Quando o elevador chegou ao térreo, ela continuava a repassar o poema na cabeça. Indagou-se por que os versos lhe reapareceram naquele dia. Ao ver Soares, o servente, torceu a boca: ele conversava com Dulce, a síndica. Devia estar comunicando o corte e o religamento de luz do apartamento 66. Orides fez de conta que ambos não estavam ali e seguiu em frente. Tentou lembrar com quantos anos havia escrito o poema que não saía de sua cabeça. Abriu a porta do prédio e saiu. Verificou o tempo, olhou em volta o bulício das pessoas, o movimento da rua. O frio era intenso. Decidiu ir até a livraria Duas Cidades, na Rua Bento Freitas. Mas se lembrou de Olmea, e de que deveria revê-lo. Queria agradecer o empréstimo do dia anterior. Seguiu até a padaria devagar. Ia mais devagar que de costume. Semicurvada, varicosa, cabeça baixa, escondia-se atrás das roupas e do gorro. A bengala a envelhecia ainda mais: ninguém diria que tinha 53 anos.
    Ao chegar à padaria, Olmea conversava animado com Sílvio. Falavam dela. Sílvio tinha trazido o gravador para registrar um depoimento de Orides. Olmea pediu café, pão quente e leite, cerveja para Sílvio e chá verde com torradas para Orides. Ela se adiantou e agradeceu a Olmea

a ajuda do dia anterior. A luz havia sido religada. Sílvio sugeriu:

— Orides, queria que você contasse um pouco de sua história, o que você acha? Estou com o gravador aqui.

— Para que isso? Agora?

— Se você quiser...

— Ah, não sei... O que posso dizer?

— O gravador está aqui. Se você quiser... Podemos fazer depois também...

Orides abaixou os olhos, meditativa. Depois de pensar, concordou:

— Tá bom... Apesar dessas coisas serem, em geral, umas porcarias.

O chá havia chegado e fumegava. Ficaram calados até Sílvio disparar o *play*. Foi a voz mansa e pausada do padeiro que se ouviu primeiro:

— Fale da poesia. Ou da sua vida. Fale o que quiser...

Orides observou Olmea, depois Sílvio, mas sua atenção parecia estar distante dali. Voltou a olhar para baixo. Deu um pequeno gole no chá. A bobina da fita-cassete girava, mas isso não a impacientava. Intimamente, recordou o encontro daquela manhã, na porta do elevador, com o "ardente silêncio".

Foi só depois de outro gole que começou:

Não tenho mais nada além da poesia. Neste sentido, eu sou o próprio coração selvagem. Se não fosse a poesia, eu poderia estar na sarjeta, nem vocês, nem ninguém iria me reconhecer; eu iria morrer sem ter existido. É a minha única esperança de salvação, porque a salvação transcendental, eu chuto. A minha poesia vai se salvar sozinha se tiver força para isso. Ela vai se defender sozinha, cada poema tem seu carma. Daqui em diante, eu não tenho mais responsabilidade sobre os meus poemas.

Na minha vida, tudo aconteceu ao contrário. Interessei-me por pintura abstrata antes da pintura clássica. Vivia nas nuvens. Se os outros aguentam as nuvens, não sei, mas eu estava cansadíssima; queria dinheiro para viver na terra. É uma confusão. A minha vida inteira aconteceu de cabeça para baixo. Fiz tudo ao contrário: comecei pelo abstrato e terminei no concreto. Os meus versos viviam pairando lá em cima, sublimes demais, nas nuvens. Poesia sobre poesia... Chegou um ponto em que eu fiquei puta da vida, cansei. Minha poesia estava meio velha, e eu assumi isso. Estava me repetindo. Agora faço uma poesia mais vivida, mais encarnada. Chega de coisa 'lá em cima'.

E a minha poesia é selvagem, se esse "selvagem" quiser dizer agir por conta própria, sem ligar para a opinião de ninguém, ir em frente sozinha... Eu escrevi milhares de poemas que nunca foram publicados. Os que foram são uma mixaria. Os outros originais, graças a Deus, eu os queimei. São coisas que eu não queria que ninguém ressuscitasse. E não serão ressuscitadas, porque serão destruídos, viu Augusto Massi?

Sou "selvagem" no sentido de "sozinha". Só não fui selvagem numa coisa: antes que eu publicasse meus livros, do primeiro ao quinto, os amigos liam e aprovavam. E eram bons críticos, os meus amigos. Antonio Candido, Davi Arrigucci Jr., Augusto Massi. Até hoje eu nunca publiquei nada sem uma severa crítica deles. Por isso, disseram de mim: "aristocrata selvagem", porque sei que é muita "aristocracia" querer que os críticos leiam meus livros antes de publicados.

Em *Rosácea*, saiu o poema "O aristocrata", que diz:

> O selvagem não
> aprende
> o selvagem não
> se emenda

    o selvagem não
    se curva

    (o mitológico selvagem).

Meu caminho não podia ser fácil. Para mulher pobre e poeta jamais foi fácil. Sou feminista desde a adolescência. Desde o dia em que meu pai me disse: "Quando você casar, vai obedecer ao seu marido", e eu respondi: "Não vou casar de jeito nenhum".

Neste sentido é que sou selvagem. Quero morrer sem obedecer a ninguém. Precisava ter uma profissão, por isso fui dar aulas. Mas nunca tive paciência para aguentar meus alunos. Na escola, fui "readaptada", retirada de sala de aula e jogada em uma biblioteca no fim do corredor. Não sei se foi melhor ou pior do que me aposentar, talvez seja pior. Mas pior do que isso era aguentar o filho dos outros, dar aulas e ganhar essa mixaria que eu ganho.

Por isso é que diziam que eu era selvagem. Fui mulher pobre, não tinha ninguém e não tenho nada agora. Não tenho propriedade nenhuma, até minha casa está com problemas. A poesia ocupou todos os espaços da minha vida, porque não tenho mais nada no lugar dela.

Vida sentimental não pude ter jamais. Quando jovem, gostei de um rapaz e falei para o meu pai. Ele deu com a mão na minha cara. Aquilo mexeu muito comigo. Uma mulher professora primária, pobre, sem marido, poeta, neste país, não é possível.

Tinha duas escolhas: ou a liberdade de fazer poesia, conduzir a minha vida "selvagemente", por conta própria, ou então o quê? Meus filhos seriam mão de obra barata, seriam coitados, não adiantaria nada. Tive que escolher o menor dos males. O menor mal possível é ser pobre e sozinha. E o maior bem possível foi sempre a poesia.

Quando era criança, na escola, eu escrevia quadrinhas. Comecei com sete anos, depois publiquei alguns poeminhas nos jornais de São João da Boa Vista, onde nasci. Aí, em 1965, mais ou menos, — tinha 25 anos — o Davi Arrigucci Jr. ficou impressionado com um poema meu, "Elegia". Está no *Helianto*. A partir daí saí da esfera municipal. Lá em São João ninguém mais me entendia. Aí vim para São Paulo. Mas meus dois primeiros livros não tiveram repercussão nenhuma.

Apesar disso, o Nogueira Moutinho escreveu sobre *Transposição*, que saiu em 1969. Foi o único que viu meu primeiro livro, ninguém mais viu. Quando ficou pronto *Helianto*, recebi uma carta do José Paulo Paes. Não tenho mais essa carta, por causa do incêndio em que minhas coisas se perderam. Esse incêndio foi em 1981. Perdi tudo que tinha, fiquei só com a roupa do corpo e um pouco de dinheiro no banco, pelo menos. E mais o emprego. Só isso. Nesse incêndio também se perdeu a carta que recebi do Drummond.

A primeira fase da poesia foi o grupo escolar, não precisa nem dizer. Quando cheguei no ginásio, fiquei impressionada com a "Tempestade", de Gonçalves Dias, sabem por quê? Lição de métrica. Foi um impacto. Outro impacto foi Fernando Pessoa. Uma prima minha me apresentou o Pessoa. Mas ainda não tinha lido nenhum poeta estrangeiro. Quando vim para São Paulo é que fui ler os estrangeiros. Depois da universidade. Fui conhecer Baudelaire e alguma coisa de Mallarmé, antes de Góngora. Não falo língua nenhuma, não sei inglês, não sei alemão. Sofri desgraçadamente para tentar ler o Mallarmé no original, claro, que não entendia nada, é dificílimo. Me marcaram as leituras que fiz quando era jovem: Drummond, Bandeira, Cabral, os simbolistas, Cruz e Souza, Alphonsus Guimarães, mas com os parnasianos eu não queria nada, passei por cima deles. Também li Augusto dos Anjos. Me divertia horrores. É tão estranho. Interessei-me também por Brecht. Os poemas dele são fortíssimos! É assim que queria fazer poemas. Existe algo de exemplar em Brecht.

7. Os passos consomem-se

Orides encimou a mão na bengala e disse: "Chega disso!". Ela se recusava a definir a poesia. A poesia era da ordem dos indefiníveis e parceira, por sua vez, dos incomunicáveis. Sílvio desligou o gravador e desviou o olhar, e notou que a padaria inteira a escutava. Virou a cabeça para ver o que estava acontecendo e percebeu atrás de si o pequeno farfalhar dos ouvintes. Seis pessoas a ouviam. A poeta disse que precisava ir embora, para a Duas Cidades. "Está frio".

A caminho da livraria recordou Drummond: "Cacos de vida colados/ formam uma estranha xícara". A poesia era a maior das objetividades e também a maior das subjetividades: não havia síntese. Os "cacos" eram cenas, sentimentos, histórias, relatos, memórias, leituras, vivências, na tentativa de decifrar e expor seu enigma. A recusa de Orides em definir a poesia era uma postura intelectual ao mesmo tempo lúcida e sensível: visava não aumentar o falatório — e o contrafalatório — sobre a poesia e a inspiração.

Ao chegar à porta da livraria, notou que o lugar estava repleto, porque, eventualmente, por volta das 11 e meia dos sábados, eram feitas leituras poéticas. Às vezes, os próprios autores as organizavam, outras vezes, eram convidados para lerem suas obras. Orides já havia lido algumas vezes ali, e voltaria a fazê-lo nos anos seguintes.

Quando chegou, havia gente por toda a parte, e ela não conseguiu entrar de imediato. Tentou passar, mas não conseguiu. Ficou do lado de fora, no frio, tentando ouvir alguma coisa. Perguntou a alguém: "Quem é?". Ninguém soube dizer. Mal se conseguia ouvir um verso ou pedaço de frase. Depois de algum tempo, Orides começou a se impacientar. Vieram os aplausos e um pequeno intervalo na leitura. Por um momento, as pessoas se dissiparam e ela conseguiu entrar, imprensada na multidão. De longe, ao vê-la, Maria Fernanda Santa Cruz pediu para alguém providenciar uma cadeira. As duas se viam todos os dias há vinte anos. Orides tratou a amiga com frieza. Trouxeram a cadeira. A poeta sentou-se com pompa e falsa elegância.

Pediu-se silêncio. Em seguida, alguém começou a recitar um poema de Drummond. Orides prestava atenção: escutava com abertura e curiosidade, seguia o fluxo das palavras, deixando-se levar pela sonoridade, pelo ritmo. Com a poesia, Orides era, às vezes, paciente. Esperava o primeiro verso, ouvia com atenção os seguintes, procurava o sabor e a inteligência, aguardava algo acontecer. Quando nada acontecia, seu corpo começava a reagir como se um dispositivo natural fosse acionado. Mexia os ombros e a cabeça e, em seguida, sacudia os braços e as mãos como se quisesse tirar um incômodo. Virava a cabeça para a esquerda e a direita, até que, por fim, emitia um grunhido ou uma onomatopeia. Isso quando não intervinha abrupta e sonoramente na leitura. "Mas que poema horroroso", disse em um recital. Tinha fastio das palavras ocas.

De onde estava sentada, olhou longamente para o poeta Celso de Alencar. Ele também fixou nela o olhar. Uma coisa chamou sua atenção: Orides parecia não dar a mínima para a interpretação, parecia preferir as palavras de Drummond, *apesar* dela. Não fazia questão de disfarçar. Estava visivelmente cansada, e isto parecia tomar conta de seus olhos. Pacientemente, esperou o fim da leitura, levantou-se, acenou para Maria Fernanda e, sem que fosse notada, saiu. Celso a alcançou e a convidou para almoçar. Ela aceitou. Foram para o restaurante Parreirinha, na General Jardim.

Ao chegarem, havia uma televisão ligada nas imagens de um coral. Sentaram-se à mesa do fundo, perto dos engradados. Antes de pedir a comida, olhando para a tv, ela disse: "Em São João, eu cantei num coral". Beberam uma cerveja e, depois que a comida foi servida, a poeta falou da experiência. Celso se entretinha a olhá-la, tentando capturá-la em ângulos prosaicos. Compreenderia realmente sua "incomunicabilidade"? O sacerdócio com a palavra e o desinteresse pelas coisas materiais, a insolência, a afronta, a entrega à visagem quase mística da poesia. Celso não prestava atenção à comida, concentrava-se em escutar a poeta. A lógica de seu pensamento não obedecia a uma sequência articulada e muito menos subordinada de argumentos, ao contrário, oscilava segundo seu humor. Naquele momento, falava de sua cidade, São João, e comentava que todos os anos ficava de segunda época em educação física. Tinha vergonha de usar o *short* dos treinos, respondia à lista de presença e ficava sentada.

— Na escola, aos nove anos, sentada entre meus colegas, eu simplesmente não conseguia dizer nada!

Orides tratava abertamente de sua incomunicabilidade. Na escola, era como se o silêncio a dominasse ainda mais; como se a dificuldade de comunicação estivesse colada à pele. Gesticulava excessivamente, como se quisesse falar com as mãos. Quando entrou para o Ginásio Christiano Osório, passou a frequentar o coral dirigido pelo professor Murr. Ela gostava de cantar e aquilo, de algum modo, a aproximava da poesia. Fosse pela melodia, fosse porque as apresentações musicais permitiam que ela recitasse alguns poemas. Gostava de cantar canções infantis. Tinha voz aguda e por algum tempo seu pai, Álvaro, matriculou-a em canto lírico no Conservatório Guiomar Novaes, com a professora Miriam Pipano.

Em algumas apresentações regidas pelo professor Murr, às vezes o coral parava, Orides dava dois passos à frente, abria os braços e recitava um poema. Quando acertava as palavras, soltava um sorriso franco, mas quando errava um verso e balbuciava, era questão de tempo para começar a tremedeira e o balançar de mãos. Nervosa, às vezes ria, noutras, chorava copiosamente. O mais comum era fazer os dois. A riqueza da leitura pública trouxe parcialmente uma compensação para a carência das interações sociais. Ela começou a treinar poemas para dias comemorativos. Dia da Árvore, Dia das Mães, Dia da Independência, Dia do Soldado. Orides disse a Celso: "Fiz poemas para todas as bobagens dessas datas comemorativas". Os poemas eram lidos em cerimônias na escola e, eventualmente, publicados nos jornais de São João, *O Município* e *Cererê*.

Além do coral de Murr, outro aprendizado poético veio quando ingressou na Legião de Maria, associação de católicos fundada na Irlanda para venerar Maria Imaculada. Os primeiros grupos brasileiros foram formados no Rio de Janeiro, Minas Gerais e São Paulo, onde a associação apareceu em 1952, ganhando rapidamente a adesão de bispos e dioceses. Não foi diferente na Diocese de Campinas, onde, em 1958, o papa Pio XII nomeou o bispo Dom Paulo de Tarso Campos para olhar pelo rebanho mariano. O bispo enviou dois teólogos para uma visita pastoral aos legionários de São João da Boa Vista. Entre os novos legionários, estava Orides. Devotamente, durante quatro anos, ela rezou o terço todos os dias junto com os legionários da cidade. Eram encontros estimulados por cantos. Ali, ela percebeu rapidamente que a relação entre palavra, silêncio e atitude espiritual eram ensinamentos comuns para a poesia e para a vida. Certo dia, depois de uma palestra do teólogo Julio Francisco Alejarra, Orides, aos 16 anos, fez uma pergunta do fundo da sala:

— Se Deus é presença, como o senhor diz, Ele pode salvar alguém que está com fome naquele exato momento de desespero? Um incômodo percorreu a sala. Uns acreditaram que ela estava falando de sua família, outros entenderam a pergunta de forma insolente. O teólogo tentou calmamente explicar como Deus agia nas situações emergenciais. Orides insistiu com questionamentos, dúvidas e apontamentos de leituras. Alguém a olhou com desaprovação. Ela afinal saiu da sala, e acabou se afastando dos legionários de Maria. Anos depois, um antigo legionário, visitando São Paulo e passando pela Praça da República, encontrou Orides entre os hippies, sentada na grama, lendo. O legionário foi até ela e se apresentou. Ela olhou-o com desdém: "Quem é você mesmo?", perguntou.

"Fui legionário com você em São João da Boa Vista..." Ela respondeu: "Não me lembro, e São João não me interessa mais. Vá embora". Ela então virou a cabeça e continuou sua leitura.

8. Comungando a oferta pura das coisas

No domingo, logo cedo, começou a chover. Quem viria visitar Orides naquele dia era Renata Curzel. As visitas de Renata começaram poucas semanas depois que elas se conheceram, em 1992, na festa de aniversário de Sílvio Rodrigues. Em certo momento, Renata quis saber quem era a pessoa sentada ao lado de Gerda. Sílvio lhe disse: "É a Orides Fontela". Os olhos de Renata brilharam, "A poeta?". Decidiu não perder a oportunidade de conhecer a famosa ex-moradora da Casa do Estudante, onde Renata agora vivia. Tomou coragem e foi até a mesa onde Gerda e Orides estavam. Logo começaram uma conversa. A iniciativa de Renata deu certo, apesar de Orides tê-la advertido, de maneira brusca, a não se referir a ela como "poetisa". Era algo de que não gostava, considerava humilhação por gênero. Depois de algum tempo, Renata pediu para que Orides recitasse um poema. Orides, então, aproximou-se, encostou a boca perto do ouvido dela e, com voz debochada, declamou:

>Vaca
>mansamente pesada
>
>vaca
>lacteamente morna

>   vaca
>   densamente materna
>
>   Inocente grandeza: vaca
>
>   vaca no pasto (ai vida,
>   simples vaca).

A declamação de "Bucólica" comoveu Renata e provocou-lhe uma gargalhada estrondosa. De repente, estavam as duas rindo, cúmplices da vida e delas mesmas, "simples vacas". Renata perguntou se poderia encontrá-la de novo. Orides sugeriu que a visitasse em seu "ninho": Cesário Mota, 565, 6º andar, apartamento 66. Renata anotou. Poderia ir quando quisesse.

Renata Curzel tinha dezenove anos, morava no apartamento 51 da Casa do Estudante e cursava o segundo ano de Direito, no largo de São Francisco. Leitora aplicada de literatura, era também a musa da faculdade. Bela, divertida, bem falante, conseguia com sua desenvoltura ser a heroína anarquista da turma, capaz de satirizar professores durante os seminários ou de se apresentar vestida de Maria Antonieta na frente do príncipe herdeiro D. Luiz de Orleans e Bragança, que visitava a faculdade. Havia acabado um relacionamento conturbado há pouco tempo, e amargava os dissabores da paixão escrevendo poemas de amor ou frases em francês de Camus e Baudelaire. "Tudo neste mundo cheira a crime, o jornal, a muralha e o rosto dos homens". Renata se interessava por Sade (a revolta metafísica), Dostoiévski (a negação), a doce revolta dos dândis do Romantismo e pelas oficinas de linguagem e redação literárias oferecidas pelo Núcleo de Escrita, da professora Zezé Bueno, na Rua General Jardim.

Orides se acostumou às visitas de Renata nas tardes de domingo. Enquanto tomavam chá verde, conversavam sobre o último romance que haviam lido. Era o assunto que as engatava na conversa. Naqueles dias, Orides lia Hölderlin, Sylvia Plath, Goethe e a poesia completa de Cruz e Souza, numa edição de 1945, comprada em um sebo. Orides não gostava de falar sobre "processo criativo" ou "processo literário", nem gostava de fazer a crônica social dos escritores. Comentavam as histórias, os enredos, a "epopeia". Às vezes, mudavam de assunto e Orides confessava a penúria em que vivia. Quase não podia mais comprar livros, por isso era conveniente que Renata contasse sobre o que estava lendo. Se o livro a interessasse, pedia o exemplar emprestado.

Foi numa dessas tardes de domingo, em 1992, que Orides emprestou à Renata o *Memorial do convento* de Saramago. Ela tinha escrito uma resenha sobre o romance para um jornal de São Paulo. Contou para Renata que o valor pago pela resenha era menor do que o cobrado pelo livro nas livrarias. Como bônus, recebia o exemplar. Orides gostava de fazer esse trabalho. Um dia, sem saber por que, o jornal deixou de lhe mandar os romances para resenhar. Ela perdeu os livros e as "gorjetas". Ambos faziam falta. Aos poucos, Renata foi percebendo que ler os romances já lidos por Orides dava acesso a alguns aspectos surpreendentes de sua personalidade. Vários trechos estavam rabiscados. Se se tratava da descrição de uma cena erótica, lia-se, à margem, a expressão "Puta desgraçada!!!". Em outra cena havia anotado: "Porco machista!".

Afora os xingamentos, a poeta gostava de corrigir ou criticar os autores, a construção de frases, os raciocínios débeis, cenas mal elaboradas ou a si mesma. Quando saía uma entrevista sua em alguma revista ou livro, era comum ver nos textos anotações, rabiscos e frases retrabalhadas.

Passado um ano de convivência, Renata já tinha alguma experiência no trato com Orides. No início de 1993, convidou-a para ir ao cinema, e Orides aceitou. Durante todo o filme, Orides soltava frases indignadas em voz alta, criticando ou xingando os personagens e suas falas. Renata percebeu que a plateia não estava achando graça. O público acabou por perder a paciência, e começou uma confusão. Antes de as coisas piorarem, Renata sugeriu que fossem embora. Nunca mais Renata a convidou para ir ao cinema.

Mas a poeta passou a frequentar o apartamento de Renata, na Casa do Estudante, sempre sem avisar. Havia ido se encontrar com Gerda, que morava no apartamento 33. Renata e Orides ficavam à toa, conversando sobre temas teóricos, abstratos, enquanto tomavam café. A conversação erudita e agradável de Renata era a razão de Orides estar ali. Ela gostava muito de Gerda, mas, de vez em quando, queixava-se de que a amiga tinha espírito de "dona de casa". Isso a incomodava e impedia uma interlocução que não descambasse na monotonia. Talvez por esse motivo, Orides foi se afeiçoando a Renata, confiando nela. Nascia ali uma estranha amizade: Orides tinha a necessidade de conversar sobre temas teóricos, buscava em Renata, a jovem admiradora, a interlocutora crítica capaz de pensar com ela a profundidade da literatura. Renata, por sua vez, sabia que Orides havia perdido, ao longo da vida, todos seus interlocutores: Antonio Candido, Davi Arrigucci Jr., Haquira Okasabe, Augusto Massi. Orides agora só tinha os estudantes, os boêmios, a gente simples dos botequins e padarias da região central de São Paulo. Orides não gostava de falar da perda dos amigos; a exceção era a editora Roswitha Kempf, a quem admirava e de quem tinha saudade. Das poucas vezes que Renata ousou lhe perguntar sobre os "monstros sagrados" da crítica acadêmica, a poeta se limitou a dizer que o grande problema era o fato de ela ser pobre, e que isso tornava tudo uma "merda muito complicada". Renata nunca soube se a "merda muito complicada" era a vida que ela levava ou a relação com os personagens da crítica. Embora tivesse curiosidade, nunca mais tocou no assunto.

9. A infância volta devagarinho

No domingo, Renata chegou ao "ninho" às 15 horas. A chuva ainda não tinha parado. A chaleira fumegava e o chá estava quase pronto. O gato estava por ali. Gatos eram frequentes ao seu lado, em fotos, no dia a dia. Orides às vezes pegava para criar os filhotes dos gatos de Gerda, quando não os recolhia na rua. Nos acessos de fúria, costumava jogá-los pela janela do apartamento. Uns ficavam aleijados, outros morriam. Naquele dia, a poeta não parecia irritada, nem incomodada. Também não parecia estar querendo falar de literatura. Interiormente, ainda se lembrava do verso reaparecido no dia anterior, quando a porta do elevador abriu: "a firme montanha / o mar indomável / o ardente silêncio..."

Elas se sentaram no sofá, depois foram tomar chá na pequena cozinha. Ouviam o ribombar da chuva lá fora. Renata sabia respeitar os silêncios da amiga, ponderava e falava de forma articulada, com cuidado. Disso, a poeta gostava. Renata estimulava sua gentileza.

Orides jamais oferecia algo de comer a quem lhe visitava. Era um hábito seu. Apenas chá. Com a chuva, o domingo parecia evanescente e opressor. Havia um calar no silêncio da poeta; também havia uma minicelebração pagã enquanto bebiam chá. Nenhuma delas tinha pressa, pareciam vivenciar as três forças fundamentais da poesia:

o *mínimo*, o *intenso* e o *necessário*. Orides aprendera isso desde cedo, com o pai, Álvaro, a quem adorava.

De repente, disse:

— Os nomes clareiam o enigma.

Renata permaneceu calada. Não sabia o que responder. Talvez não devesse dizer nada, pois era como se Orides articulasse um poema em voz alta. A poeta completou:

— Mas o silêncio volta a encobri-lo.

Durante algumas semanas, após se conhecerem, não saía da cabeça de Renata como Orides podia se equilibrar na vida. Até ali, Orides nada havia dito do corte de energia, dos problemas de saúde e financeiros, tentava ocultar suas aflições da jovem amiga. Depois do chá, Renata notou que o humor e a disposição física de Orides mudaram completamente. A poeta pareceu indisposta e se dizendo com dores, pediu desculpas. Disse que precisava descansar um pouco, e Renata foi embora.

Assim que a amiga saiu, Orides pegou uma coberta grossa e colocou debaixo de um travesseiro, sob o qual amontoou alguma roupa que estava por ali, a fim de ter uma almofada alta, para que pudesse ler. Antes de se deitar no tatame, dispôs uma pilha de livros ao lado. Nem bem avançou na leitura, começou a cochilar. Prestes a cair no sono, teve a nítida sensação de ouvir alguém, de longe, chamando-a. A voz vinha do passado, e parecia querer animá-la, dizendo: "Lurdinha... Lurdinha".

***

"Lurdinha" era como seus pais a chamavam, porque seu nome de batismo era Orides de Lourdes Teixeira Fontela. Ela dizia que, se tivesse continuado em São João da Boa Vista, talvez sua vida não tivesse se tornado caótica. Em São João ainda era Lurdinha, em São João não conhecia as crises de suicídio, o álcool, a velocidade e a angústia da grande cidade. Em São João conhecera as forças naturais, as leituras fervorosas e a mística.

Seu pai, Álvaro Fontela, e sua mãe, Laurinda Teixeira, esforçaram-se para lhe dar uma educação e um futuro. Apesar de pobres e semianalfabetos, procuravam vesti-la, senão com luxo, com decência. Frequentar a escola e ter uma perspectiva diferente deles era uma meta do casal para a filha. Queriam fazê-la, na medida do possível, uma criança igual às outras. Quando criança, Orides usava vestidos com mangas bufantes e saiotes para aumentar o volume do corpo magro. Seus sapatos eram pretos e fechados e, no cabelo, usava quase sempre maria-chiquinha, feita pela mãe.

Laurinda foi uma mãe austera, que ensinou a filha a escrever um pouco, na marra, com puxões de orelha e tapas nos ombros. Orides não gostava nada da rotina que Laurinda às vezes a fazia passar, desde cedo, lavando e cortando verduras, catando arroz e feijão, varrendo a casa, lavando e passando roupas. A pobreza quase extrema em que viviam endureceu a relação de Laurinda e Orides. Os serviços domésticos não atraíam a pequena Orides, nem nunca viriam a atrair. Ela criou uma relação difícil com a mãe.

Quase em oposição à mãe, o pai representava a fabulação, o humor, o companheiro de filmes no Cine Avenida e no Cine Teatro Municipal. Se Laurinda não era lúdica, nem sonhadora, o pai, ao contrário, sonhava em excesso. Para Laurinda, importava a praticidade do dia a dia. Dona de casa, aprendera minimamente a ler e a escrever e tentava, a todo custo, passar lições para a filha. O pai, por sua vez, acostumou-a a andar obrigatoriamente com o guarda-chuva, o que acabou se tornando uma marca registrada de toda a vida. Marca chapliniana. Mesmo quando teve de usar a bengala, depois do segundo atropelamento, não largou o guarda-chuva. Álvaro dizia-lhe que servia para proteção. Quando foram morar em São Paulo, o guarda-chuva foi ainda mais útil por conta da garoa, que constantemente embaçava os óculos de ambos. Ela ouviu certa vez dizer que é o pessimismo que leva as pessoas a saírem de guarda-chuva mesmo em dias ensolarados. Talvez fosse mesmo isto, mas era também prova de prudência: odiava ficar com os óculos molhados. Ficou cada vez mais dependente deles. Tinha 7,5 graus de miopia em um olho e 8,25 em outro, sem contar o astigmatismo. Os óculos se tornaram uma de suas marcas, como o guarda-chuva. Ela gostava de armações de aros grandes e escuros, que a faziam parecer uma coruja; poucas vezes foi fotografada sem eles.

"Poesia filosófica ou filosofia poética?", perguntava a filósofa Olgária Matos sobre os livros da amiga. Certo dia, nos anos de 1980, Orides chegou à casa de Olgária de táxi, vestida com roupão de banho e sem óculos. Estava desesperada e chorosa. Não tinha dinheiro para pagar o táxi, falava que queria morrer. "Perdi os óculos", repetia atônita a Olgária que, após pagar o taxi, fez alguns telefonemas para providenciar óculos novos. Dois dias depois, Orides foi buscá-los na ótica.

A clareza da filosofia unida à cegueira da poesia, ou o contrário? A lucidez e a loucura unidas e reverberadas no símbolo da coruja — título do poema que Orides escreveu quando pensou em se matar. Estava outra vez desesperada, rabiscou os versos e jogou-os sob a porta do apartamento de Davi Arrigucci. O poema contém uma estética. É uma visão de longo alcance, voo que captura no escuro o mínimo vital:

> Voo onde ninguém mais — vivo em luz
>   mínima
>
> ouço o mínimo arfar — farejo
>   o sangue
>
> e capturo
> a presa
> em pleno escuro

10. As montanhas arcaicas, ventre

No Grupo Escolar de São João, Orides afeiçoou-se à leitura e à escrita. Aos poucos, ler e escrever ganhavam importância, superior a falar e a se relacionar. Rapidamente nascia nela a capacidade de observar brevidades e perceber a multiplicidade da literatura. No caminho até a escola, a poeta pensava nas histórias que lia, sentindo as palavras como *luminosidades*. Nas intermináveis conversas na padaria com Olmea, contava que nascera a 21 de abril de 1940, debaixo de um sol escaldante de domingo, na pequena casa da Rua Oscar Janson, 18, quase ao pé da Serra da Mantiqueira, no limite entre São Paulo e Minas Gerais. Nasceu "Lurdinha". Seu pai disse que, naquele dia, quase não havia nuvens no céu, e o sol de São João era luminoso, explosivo, implacável, endossando a lenda que os tupis contam do lugar.

Uma índia havia se apaixonado pelo sol. Ela via-o como um guerreiro alto de cocar de fogo, e todas as vezes que o sol passava em sua viagem diária, a índia se postava para admirar a beleza do sol. Com o tempo, o sol passou a também notar a beleza da índia. E eles se apaixonaram.

O sol passou a desejá-la, queria ficar com ela todo o tempo, esquecendo-se de sua viagem. Sua proximidade fez com que as plantações queimassem, o dia não escurecesse; a noite e a lua desapareceram. A aldeia não conseguia mais dormir. A lua, com ciúme, vendo que não brilhava mais, foi se queixar a Tupã, deus supremo, que ficou indignado com a ousadia do sol. Como podia se apaixonar por uma mortal a ponto de parar o tempo?

A lua exigiu punição para a índia e para o sol. Tupã então criou uma barreira, um imenso paredão de pedra em forma de montanha, que chamou de Amantigir. O sol já não podia mais vislumbrar a beleza da índia em sua plenitude. Tupã puniu também a índia, que foi aprisionada dentro da montanha. A história conta que o sol se desesperou e passou a sangrar poentes, fazendo o crepúsculo do lugar excessivamente vermelho. E tentou todos os dias se afogar no mar. A lua, vendo a dor de sol, também sangrou, em forma de lágrimas, lágrimas que viraram estrelas. A índia, cujo nome foi esquecido pela tribo, nunca mais pôde ver o dia novamente. Encarcerada na montanha, enlouqueceu de amor e chorou a ponto de suas lágrimas brotarem formando grotas, minas, fontes, rios e cachoeiras. Amantigir tornou-se Mantiqueira, que em tupi-guarani significa "serra que chora".

Não se sabe a que se deve o fato, mas São João da Boa Vista é conhecida por ser uma das cidades mais luminosas do Brasil. O sol é tão presente no imaginário do lugar que a prefeitura adotou o *slogan* "A cidade dos crepúsculos maravilhosos". Não era apenas o sol que exercia poder sobre as pessoas do lugar. A visão da Serra da Mantiqueira, os rios que formam seu planalto, assim como a antiga mata ciliar que cercava o lugar, faziam com que antigos desbravadores se apaixonassem pela paisagem e quisessem se estabalecer. Além do sol e da serra, havia também o vento local, que soprava do leste e, às vezes, do sudeste. A mata era formada, sobretudo, de cedro, jequitibá e sangria d'água, divididas pelos vales cortados pelo rio Jaguari-Mirim, pelo córrego São João e pelo ribeirão do Prata.

Os antepassados de Orides chegaram a São João na leva de espanhóis que vieram para São Paulo por volta da década de 1880, e se tornaram o segundo maior grupo de imigrantes no país, depois dos portugueses. Foram quase 600 mil portugueses e 450 mil espanhóis, boa parte para trabalhar nas lavouras de café. Pelo lado paterno, Orides descendia de avós espanhóis, os Fontela e os Gutierrez. Por parte de mãe, de avós portugueses, os Teixeira e os Nascimento. Sua bisavó, Edvina Fontela, teve onze filhos, que foram pouco a pouco se estabelecendo por aquelas regiões. Outros se dispersaram.

A origem de São João da Boa Vista é incerta. A cidade parece ter sido fundada em 24 de junho de 1824, dia de São João Batista, por Antônio Machado de Oliveira, vindo de Itajubá, Minas Gerais. Há também a possibilidade de a cidade ter nascido da fazenda Boa Vista, do monsenhor João Ramalho. Outra versão registra que, em 1821, o guarda-mor José Antonio Dias de Oliveira e sua família foram morar na fazenda Campo Triste, onde surgiram as primeiras casas. O nascimento de Orides também é cercado de alguns desencontros. Apesar de nascida a 21 de abril, seus documentos aparecem com o registro do dia 24. Como diria um dia a Olmea,

— Sou uma pessoa meio deslocada na vida. Sempre me senti deslocada na vida. Qual o meu verdadeiro lugar, até hoje não sei. Tenho que criá-lo, inventá-lo para mim mesma.

É provável que o sol de São João tenha sido especialmente duro naquele 21 de abril de 1940 para a mãe de Orides. Ela estava com 46 anos e daria à luz pela primeira vez. Tivera uma gravidez sem cuidados, a não ser os do marido, Álvaro, mais jovem que ela nove anos. Ambos tinham crescido na região, eram semianalfabetos e pacatos. O pai de Orides vivia de pequenos serviços de aplainador numa marcenaria. Laurinda cuidava da casa, era calada e introvertida. Orides dizia que era "burra". Sua mãe teria ainda uma segunda gravidez, mas a menina morreu logo depois do parto. "Nascida morta", escreveria a poeta. Por muito tempo ruminou o "Soneto à minha irmã", registrando que viveu a experiência do "abismo das lúcidas origens", onde dormem nomes e formas, e viu o "escuro poço das coisas frustras, não nascidas". A morte da irmã significava que, talvez, jamais tivesse uma amiga ou companheira de fato próxima.

Seu pai lhe contou que, no dia em que veio ao mundo, quando o sol se pôs, surgiu no céu uma imensa lua cheia, luminosa e implacável como o sol de São João. A menina nascera frágil e magricela. Álvaro escolheu o nome Orides, corruptela de Eurídice, desejoso de que ela fosse "forte e vitoriosa". Não imaginava que a filha se aproximaria justamente do contrário.

Olmea ouviu dela certa vez que a origem do seu nome anunciava as contradições de sua personalidade. Orides significava aquela que tinha muita inteligência e grande poder de comunicação. Era meio verdade, dizia, pois estava mais para a incomunicação. "Mais para a inspiração do que para a expressão". Por isso mesmo, tinha imensa necessidade da segunda: falava sozinha, mas não sabia, de fato, se comunicar. Ou se comunicava demais: parecia sempre dizer o que lhe vinha à cabeça, por mais inconveniente que fosse. Era movida pela razão, e se enfurecia quando desmentida ou contrariada. Pensava enquanto agia, e isto interferia na concentração do que estava fazendo. Achava que poderia se tornar uma excelente escritora, advogada ou professora, mas, para isso, deveria aprender a se controlar, a se calar, a se acalmar. Eurídice era, também, aquela que visitara as sombras. Tudo isso a animava e a inquietava. "Sei lidar com as sombras", e ao dizer isso, reconfortava-se.

Álvaro Fontela tinha em casa um braseiro. Costumava queimar ervas do campo; soprava a brasa e ali colocava alecrim, losna, guiné e arruda, além de sementes de sucupira e folhas de amora. Na noite em que Orides nasceu não foi diferente. Acendeu o braseiro, envolveu-a em uma manta branca e a levou para fora, para perto da lua cheia. A imensidão da noite e o diáfano perfume das ervas crepitando no braseiro eram sua única certeza.

11. Trovões transportam raízes

O primeiro mestre de Orides foi seu próprio pai. Com ele, aprendeu a identificar os cantos dos pássaros, a caçar borboletas nas matas perto dos rios, a pescar e a observar a campina, as trilhas e os restolhos, cingindo a beira dos córregos, brincando na água. Álvaro falava de sua profissão, mostrava as moldagens e os entalhes nas madeiras das igrejas da cidade. Em casa, enquanto atirava bolinhas de pão para os gatos, frisava o apreço que tinha pelo desprendimento. Era algo que prezava como elemento fundamental da vida.

Álvaro foi também o primeiro mestre "literário" da poeta. Representava a literatura oral, "selvagem", em que a linha de força era a palavra falada, a sabedoria do ouvir, o narrar.

— Minha primeira influência literária foi o meu pai, analfabeto — diria Orides em uma entrevista.

Seu pai fora seu mestre do jogo e da contradição, o que Orides entendia como *contradicção* e *dialética*. O "analfabeto" lhe propiciara as "primeiras letras", e as primeiras palavras que infundiram imaginação. Falava de suas madeiras e plainas como metáforas existenciais. Gostava de relacioná-las à maneira como as pessoas friccionavam o mundo, desbastando-o até ganharem uma forma qualquer, um desenho, um traçado. Falava longamente sobre como marchetear madeiras resinosas e úmidas, criando vincos, relevos, frisos, ranhuras e entalhes. Marcas.

Álvaro tinha várias ferramentas de marcenaria em casa. Ficava, às vezes, tentando ensinar à filha. Segurava a plaina de modo que seu indicador seguisse a inclinação do ferro. Com a outra mão, fazia pressão à frente, para que o aplainamento fosse "fino". Falava de como utilizar lixas e fazer ajustes. Desmontava e limpava as peças, mergulhando-as em óleo, para evitar a ferrugem. Álvaro tinha orgulho do seu ofício. Detalhista, produzia estantes, cadeiras, mesas, armários. Com o tempo, ficaria conhecido em toda São João da Boa Vista.

A cada noite, também contava para Orides uma história diferente, um conto de fadas, uma história de monstro, de aventura, de perigo: os contos eram basicamente o mesmo, mas as peripécias apareciam sempre renovadas. Ele reinventava novos começos, novos meios ou novos fins; mudava o nome dos personagens, as situações. Às vezes o herói, saindo dos tempos atuais, chegava a um reino mítico onde instalava a eletricidade; outras, ao contrário, saía de tempos antigos, chegava aos dias atuais e ficava atrapalhado.

— Era tudo incrível. Parecia que meu pai ainda habitava a Idade Média e sonhava inventar o motocontínuo. Por essa lógica, eu deveria estar procurando a quadratura do círculo: só que estou procurando a "circulatura do quadrado". Mas não sou muito diferente do meu pai.

Em geometria, o problema da quadratura do círculo consiste em encontrar um quadrado cuja área seja igual à área de um círculo, usando apenas régua e compasso, o que não é possível. Orides, porém, falava do contrário. A "circulatura do quadrado" parecia significar não o impossível, mas o inexistente.

Seu pai era devoto de N. S. do Perpétuo Socorro, e ia constantemente à missa na igreja de mesmo nome. Também frequentava as missas da Matriz. Essas idas do pai à igreja rapidamente despertaram em Orides o sentido devocional e místico. Quando Orides tinha sete anos, Álvaro a matriculou no Grupo Escolar Joaquim José. Ensinou-lhe as primeiras orações, que foram também os primeiros poemas. Depois, estimulou-a a cursar o Ginásio e em seguida o Normal no Instituto de Educação Cel. Cristiano Osório de Oliveira, onde ela se formaria professora. Ela e o pai costumavam caminhar pela cidade de braços dados. Às vezes, ela ia à frente, caminhando de costas e olhando para o pai, e tropeçava, desajeitada. Ele mudava a posição do guarda-chuva no braço para ajudá-la a se levantar.

Uma das melhores lembranças de Orides eram suas pescarias. Costumavam atravessar os bosques em direção ao rio e ele lhe mostrava as árvores que tão bem conhecia pelo trabalho de marceneiro. Havia embiruçus, acácias, guanandis, cedros, ingás e frutas de pombo. Álvaro era uma enciclopédia vegetal. Seu aspecto lembrava Gandhi: magro, de óculos, os cabelos ralos.

Álvaro e Orides passeavam pela cidade nos finais de semana, sempre ao entardecer. Além da pescaria e dos passeios pelos bosques, também gostavam de cinema. Sentavam-se sempre isolados, pelo hábito de falar durante a seção, fazer comentários, vibrar com as situações, aplaudir algumas cenas, totalmente envolvidos com a história e inteiramente alheios aos pedidos de silêncio da plateia.

Foi num passeio com o pai que, em 1965, Orides cruzou na praça matriz com seu amigo de infância, Davi Arrigucci Jr., e com o jornalista Ito Amorim. Davi tinha ido até o jornal *O município*, onde Ito trabalhava, para ter notícias de Orides, pois lera, numa edição daquela semana, um poema que considerara magistral. "Sim, realmente magistral", Ito concordou. E leu:

>Mas para que serve o pássaro?
>Nós o contemplamos inerte.
>Nós o tocamos no mágico fulgor das penas.
>De que serve o pássaro se
>Desnaturado o possuímos?
>
>O que era voo e eis
>que é concreção letal e cor
>paralisada, íris silente, nítido,
>o que era infinito e eis
>que é peso e forma, verbo fixado, lúdico
>
>o que era pássaro e é
>o objeto: jogo
>de uma inocência que
>o contempla e revive
>— criança que tateia
>no pássaro um
>esquema de distâncias —
>
>mas para que serve o pássaro?
>
>O pássaro não serve. Arrítmicas
>brandas asas repousam.

Davi tinha então 21 anos e fazia o curso Letras da USP, na Rua Maria Antônia. Orides morava algumas quadras abaixo do jornal. Saíram da redação, conversando sobre ela, quando Ito olhou para Davi e disse: "Veja quem vai passando ali na praça". Aproximaram-se. "Orides, não sei se está lembrada de mim. Sou o filho do doutor Davi, estudamos juntos no colégio. Vim ao jornal por sua causa, acabei de ler seu poema, é um poema notável".

Orides era quatro anos mais velha. A princípio nada disse, olhando para Davi como se não o tivesse reconhecido, depois mudou de fisionomia e soltou um sonoro "Davizinho!". Era o modo carinhoso como chamavam o filho do doutor Davi Arrigucci, o médico da cidade. Davi queria saber se ela tinha outros poemas e se ele poderia lê-los. Explicou que estava de passagem por São João, de férias; morava agora em São Paulo, estudava literatura e escrevia, às vezes, resenhas para o *Suplemento Literário* de *O Estado de São Paulo*: tentaria publicar algum poema dela no jornal. Davi disse que ela havia avançado bastante em sua poética, assim como na técnica narrativa. Orides sorriu: "Consegui ir além dos sonetos". Ele pediu que deixasse os poemas na casa de seu pai.

No dia seguinte, bem cedo, Orides apareceu na casa de Davi com um fichário preto. Estava repleto de poemas mal datilografados. Ele a recebeu com alegria, disse que leria tudo e poria uma cruz nos poemas de que gostasse menos, duas cruzes nos que achasse "mais ou menos" e três naqueles de que gostasse mais. Ela concordou. Depois que se despediram, Davi pegou o fichário, sentou-se em uma poltrona e iniciou a leitura. Leu todos os poemas no mesmo dia. Ao final, notou que havia uma grande quantidade de três cruzes. Havia ali mais de um livro. Na verdade, no fichário preto estavam quase todos os grandes poemas pelos quais ela ficaria conhecida. Davi ficou surpreso. Estava quase eufórico. Começou a caminhar pela casa: havia encontrado em São João, sua terra natal, uma renovadora do modernismo brasileiro.

A primeira lembrança que tinha dela era do grupo escolar, quando, aos oito anos, em uma comemoração, Orides começou a recitar um poema e o esqueceu no meio. Começou a tremer e a chorar, enquanto algumas crianças riam. A segunda era da jovem Orides imersa na biblioteca do ginásio. Escolheu três poemas do fichário ("Elegia", "Meada" e "Destruição") e os levou para São Paulo.

Arrigucci apresentou a Morejón os três poemas que havia trazido consigo de São João da Boa Vista. O catedrático gostou. Também mostrou os poemas para José Aderaldo Castello, cearense, professor de literatura brasileira da USP, que comentou: "Isto parece escrito por um homem". Em seguida, mostrou para outro professor, Antonio Candido, que disse: "Aqui há poesia e poeta!". Em seguida, foi a vez de Décio de Almeida Prado, um dos editores do *Suplemento Literário*. Os poemas foram publicados com ilustração da artista plástica Rita Rosenmayer.

Nas idas e vindas de Arrigucci para visitar seus pais em São João, em 1966 e 1967, ele e Orides começaram a se aproximar e a trabalhar duro na seleção do que viria a ser seu primeiro livro de poemas, *Transposição* (1969). Orides queria chamar o livro de *Rosácea*. Davi não gostou do título. No fichário preto, ele apontava os poemas que ela deveria ou poderia editar primeiro. Nessa mesma seleção, escolheu os poemas para o segundo livro. Trabalhavam sem saber para qual editora apresentar a poeta desconhecida. Davi a aconselhou a continuar a estudar, talvez fazendo filosofia. Notou que, além do talento poético, havia ali uma mente aguda, com grande poder de abstração.

O encontro com Davizinho rendeu a Orides um caminho e uma esperança. Foi seu reconhecimento por alguém "do meio", com visão literária. A partir desse encontro, ela solidificou as duas vias fundamentais de sua busca da verdade: a filosofia e a poesia. No fundo, era o que importava, e o que estava por trás de suas escolhas. Não demorou para se encantar com a ideia de fazer filosofia na USP.

Quando Orides chegou em casa com seus novos planos, incluindo o de ir morar em São Paulo, Álvaro remontava uma cadeira de balanço. Parou e ficou em silêncio. Depois voltou ao trabalho. Pegou a lixa e passou a polir a madeira. Orides era sua única companhia desde a morte de Laurinda, em 1964.

12. A liberdade das águas

O sol daquele domingo de março em Santa Cecília em nada se parecia com o sol de São João da Boa Vista. O sol de São João era quente e produzia uma claridade dura de encarar. O sol de São Paulo era encoberto pelo manto vertical do concreto, e as sombras diagonais que projetava. Naquele dia, Orides havia convidado Renata Curzel para beber uma cerveja no Bagação, botequim na esquina da Cesário Mota com a Cunha Horta. Queria conversar nas mesas da calçada, sob o sol. Renata concordou, e perguntou se poderia levar um amigo, José Rodrigo Rodriguez.

Zé Rodrigo tinha vinte anos, era aspirante a poeta e colega de Renata na Faculdade de Direito. Conhecera a poesia de Orides pela coleção Claro Enigma, editada dez anos antes por Augusto Massi pela editora Duas Cidades. Decidiu levar para a poeta uma garrafa de vinho e queijo francês.

O encontro foi no início da tarde. Orides abriu a porta e olhou o admirador de cima a baixo. Zé Rodrigo estava um pouco apreensivo, e preferiu apostar no comedimento. Entregou-lhe o queijo e o vinho com um sorriso e nenhuma palavra, mas Orides não fez a menor questão de agradecer. Disse apenas: "Razoável...". Ele achou que havia cometido uma gafe, talvez errado no vinho. Orides foi até a cozinha, pegou uma faca e cortou uma fatia do queijo, colocou-o na boca, mastigou um pouco, olhou para Zé Rodrigo e para Renata, fez uma careta e cuspiu o pedaço de queijo, dizendo: "Mas que merda desgraçada é esta?".

Zé Rodrigo ficou sem reação. Renata também. Ele fora a única pessoa que Renata se atrevera a levar ali. Constrangidos, foram para a sala. Sem ação nem assunto, Zé Rodrigo manteve-se mudo, acompanhando a conversa de Renata e Orides. Observava a poeta, que de repente não mais admirava. Ela lhe parecia, agora, apenas uma pessoa mal educada; dava a impressão de que perderia o controle a qualquer momento (ou que jamais o tivera em sua vida), e de que não via nada nem ninguém diante de si, apenas seus próprios problemas e suas próprias obsessões.

Falava, falava sem parar, sempre e somente sobre si mesma, reclamando de tudo e de todos, a aposentadoria, as dificuldades do frio, a casa, o bairro, as figuras da intelectualidade paulistana... Um turbilhão interminável de queixas e reclamações. Nenhuma frase sobre poesia ou literatura, o que Zé Rodrigo esperara ansiosamente. Orides também não quis saber dele. Não lhe perguntou nada nem mostrou nenhuma vontade de interagir com ele. Tratava-o como um fantasma, uma ausência ou um incômodo, sem tentar disfarçar o aborrecimento e o tédio. Depois de algum tempo, ele decidiu ir embora. Orides ignorou sua saída. As duas desceram em seguida para o bar mais próximo, e a poeta passou a falar de amenidades.

Depois de alguns copos de cerveja, Orides mudou novamente de assunto. Comentou que sua vida escolar tinha sido a mais sólida formação no silêncio. Pouco interativa, usava a comunicação oral o menos possível. Além das histórias que o pai lhe contava, logo se apegou às histórias dos livros. A literatura se tornou sua mais constante companhia. Lia tudo o que aparecia pela frente: gibis, jornais, cadernos literários, apostilas, a Bíblia, Bandeira, Drummond, Cabral, Quintana. Frequentou a biblioteca particular de Oliveira Neto, a maior de São João. Aos catorze anos, apareceu na casa do professor Hélio Borges às 6 horas da manhã de um domingo, para pedir um livro emprestado. O professor se aborreceu com a jovem e com o horário, mas emprestou o livro. Adulta, sempre levava dois ou três livros na bolsa. Aos oito anos, quando um professor leu em classe "O navio negreiro", ficou bastante impressionada pelos versos de Castro Alves.

> Que cena infame e vil... Meu Deus! Meu Deus!
> Que horror!...
> O tombadilho em sangue a se banhar.
>
> Legiões de homens negros como a noite,
> Horrendos a dançar.
> Era um sonho dantesco, tanto horror perante os céus.

Nessa altura, a pequena Orides ficou de pé, com as mãos na cabeça, e gritou: "Que horror, que sofrimento, meu Deus, que horror!". Chorava compulsivamente.

Os colegas de classe passaram a caçoar da aluna "maluquinha". O deboche e o choro, a indiferença e a dor. O impacto da poesia ficaria entranhado. A experiência estética começara.

Ela se pôs a ler vorazmente poetas e místicos. Lia com atenção, zelo e disciplina, e, principalmente, com rapidez. Entre os treze e os dezesseis anos, leu, escreveu, reescreveu e trabalhou intensamente, experimentando e reexperimentando formas de expressão, sem saber onde tudo aquilo iria dar. Pouco a pouco, emergiu daí a força unida à simplicidade. Aos 25, era uma uma poeta pronta, como notou Arrigucci.

Começou a rabiscar seus versos ainda na adolescência, e logo adquiriu o fichário preto para organizá-los. Ele continha, em potência e em ato, quase toda a sua poética. Lá estava a dificuldade de comunicação ("Tudo será difícil de dizer: a palavra real nunca é suave"), a lucidez ("Não há piedade nos signos e nem no amor: o ser é excessivamente lúcido e a palavra é densa e nos fere"); lá estavam o sangue, o espelho, as rosas, a teia, o silêncio, as tramas, os trevos, o sol, a *transposição* contínua entre harmonias e desarmonias diversas, que recriava o instante e produzia e reproduzia a descontinuidade. Na estrofe final do poema "Arabesco", lê-se:

> A ordem transpondo-se em beleza
> além dos planos no infinito
> e o texto pleno indecifrado
> em mosaico flor ardendo.
>
> O caos domado em plenitude
>   a primavera.

Transposição é um movimento especular: "a ordem transpondo-se em beleza", mas também a desordem se transpondo em harmonia. E a harmonia em desordem.

13. O tempo pingando nos olhos

Renata perguntou quem tinha sido a pessoa mais influente na formação escolar de Orides. Ela disse três nomes: Álvaro Fontela, Maria Leonor Alvarez Silva e Maria José Lopes, nesta ordem. Maria Leonor era a bibliotecária do ginásio, a pessoa que lhe emprestava os livros semanalmente, além de lhe dar, sem que precisasse pedir, conselhos, repreensões e sugestões. Leitora voraz, escreveu um calhamaço de mais de trezentas páginas sobre a história de São João da Boa Vista. Foi a bibliotecária do Ginásio Estadual por 31 anos. Ao deixar a biblioteca, tinha conseguido juntar um acervo de oito mil volumes, perdidos em um incêndio, na noite de 5 de agosto de 1957.

Sempre fui uma amante dos livros, e era grande frequentadora da biblioteca. A bibliotecária era Dona Maria Leonor. Dona Leonor chamou-me uma vez à biblioteca e disse que não iria me emprestar mais os livros, porque eu recortava com gilete todas as palavras "homem". Neguei! Disse: "Que diferença faz a palavra 'homem', 'mulher' ou qualquer outra. Era tudo igual. Ora bolas, eram apenas palavras!". No entanto, Dona Zezé Lopes me chamou em outra sala, e não consegui mentir. Confessei: era eu quem recortava a palavra. Por quê? Não sei! Ela me prometeu não contar para ninguém. Assim fez, e eu continuei a recortar a palavra "homem" dos livros que lia.

A professora Maria José Lopes, mulher austera, incentivou Orides a ser uma aluna "exemplar". Com o tempo,

Orides tinha as melhores notas do ginásio. Foi Dona Zezé Lopes quem recolheu suas "menções", no último ano do Ensino Normal, e as submeteu ao concurso estadual chamado "Cadeira Prêmio". O prêmio era em um emprego público que o governo oferecia aos melhores alunos. A "Cadeira" de 1959 foi de Orides, com a média de 9,43.

A docência significava trabalhar, algo de que ela se esquivava. O compromisso educacional e o trato e o cuidado com as crianças não lhe atraíam. Ao contrário. Mesmo que, no princípio, fosse apenas professora substituta.

No início do semestre de 1960, o professor João Roberto Escanapiê chegou para trabalhar em meio a um temporal que desabava sobre São João. Encontrou Orides à porta da escola, rezando, balançando as mãos, pedindo aos céus para que a chuva parasse: por causa dela, alguns professores não haviam chegado.

Entre os 18 e os 41 anos, Orides faria o que pudesse para faltar ao trabalho. Quando tinha de assumir uma turma, substituindo algum professor, fazia sempre a mesma coisa: brincadeiras de roda e canto. "Roda pião, bambeia pião; roda pião, bambeia pião...". Uma algazarra. Às vezes, para se fazer respeitar, dava beliscões e dizia palavrões, chamando os alunos de "estúpidos". O atestado de saúde mental era praxe na contratação no serviço público. No início de 1961, a escola pediu o atestado da professora substituta.

***

Orides contou a Renata que, entre 1960 e 1963, sem que soubesse, sua mãe desenvolveria o câncer de mama que a mataria no ano seguinte.

O caixão da mãe estava na sala de visitas. Estavam presentes seu pai e três vizinhos. De repente, começam a chegar os colegas de magistério. Orides se levantou emocionada e abraçou a todos, sorrindo. "Que felicidade eu senti!", ela disse. Pediu para os vizinhos irem para a cozinha e deixou a sala para os colegas.

— Tinha vontade de dançar, de abraçar as pessoas. O velório passou a ter outro significado para mim. Era a aceitação da minha pessoa, era tudo o que eu queria! Eu existia! Parecia um sonho, uma festa! Tudo era irreal! Minha mãe morta, tanta gente na minha casa pela primeira vez e, que pena, foi a única! No dia seguinte, a decepção. Tudo voltou ao normal.

— Esse papo de família me faz lembrar um poema que escrevi. O título é "Herança" — e o recitou teatralmente na calçada, enquanto voltavam pela Rua Cesário Mota:

> Da avó materna
> uma toalha (de batismo)
>
> Do pai:
> um martelo
> um alicate
> uma torquês
> duas flautas.
>
> Da mãe:
> um pilão
> um caldeirão
> um lenço.

Fez então uma longa pausa, apoiou-se na bengala e no guarda-chuva e exclamou: "Mas agora também perdi tudo: a toalha, o alicate, as flautas e o pilão. Tudo se foi. Só restou a poesia!".

14. A fonte serena expande-se

Certo dia, ao ver Renata com *O homem sem qualidades*, de Robert Musil, embaixo do braço, Orides protestou:
— Você está lendo este lixo?
Renata quis saber o que havia de errado.
— Ele faz uma narrativa que não ata nem desata. Não sabe aonde quer ir. Não gosto de autor perdido, nem de enredo solto. Romance é processo e direção; liberdade e percurso.
Em 1967, Orides sabia para onde queria ir: São Paulo e a faculdade de filosofia. Passa o ano se preparando para o vestibular. Quando é aprovada, vai até a escola pedir informações sobre a transferência. Descobre que, além da transferência, também tinha direito a uma licença de quatro anos para fazer a graduação. Fica ainda mais animada, quase eufórica, e corre pelo corredor abraçando o guarda-chuva.
Em 1968, Álvaro acompanha a filha a São Paulo. Larga o trabalho em São João, reúne algumas economias e parte com a filha para a nova cidade. Ela e o pai ficam alguns dias hospedados na casa de um amigo, no Largo do Paissandú, depois alugam um pequeno quarto na Praça Marechal Deodoro. Tudo é novidade. Fazem longas caminhadas pelo centro. Álvaro vai buscá-la na Rua Maria Antônia, de onde seguem para passeios pelo Vale do Anhangabaú e o Mosteiro de São Bento. Eles não durariam muito.

Em 28 de março de 1968, no restaurante universitário Calabouço, em São Paulo, estudantes organizam um protesto contra as condições de higiene e alimentação, que é reprimido pela cavalaria da pm. Em outubro, o prédio da reitoria, na Cidade Universitária, é invadido e depredado pelos estudantes, que também ocupam a Faculdade de Direito e a Faculdade de Filosofia. O Conjunto Residencial da universidade, o CRUSP, transforma-se em território livre, e as greves tomam conta da USP. No dia 3 de outubro, eclode a "batalha da Maria Antônia".

Naquela manhã, alunos da Faculdade de Filosofia realizavam um pedágio para arrecadar fundos para a União Nacional dos Estudantes, a UNE, recém-fechada pelo governo militar. A arrecadação transcorria normalmente até que alunos da Universidade Mackenzie começam a lançar ovos contra os uspianos. A confusão foi aumentando, e alguns alunos do Mackenzie, incluindo militantes da Frente Anticomunista (FAC) e do Movimento Anticomunista (MAC), invadiram o prédio da Faculdade de Filosofia, onde também ficava a sede da União Estadual de Estudantes (UEE). Eles depredam as instalações, agridem os alunos, disparam tiros; a violência culmina com a morte do secundarista José Carlos Guimarães.

Paus, pedras, tiros, explosões, coquetéis molotov, carros virados e incendiados compunham o cenário que dominou a Rua Maria Antônia durante quatro horas. O confronto prosseguiu até que o prédio da faculdade fosse incendiado. À frente dos estudantes da USP estavam Luís Travassos e Édson Soares, presidente e vice-presidente da recém-fechada UNE, e José Dirceu, presidente da igualmente extinta UEE. Os uspianos se reagrupam, Dirceu discursa e encabeça uma marcha de protesto pelo centro de São Paulo, com quatro mil estudantes. Um carro de polícia é incendiado. Outros se seguiriam. Os moradores do centro jogam papel picado em apoio aos manifestantes. A marcha segue até o Largo São Francisco. Lá, mais discursos inflamados, até que, no retorno à Maria Antônia, já à noite, duzentos soldados da cavalaria, dois tanques e dezenas de cães esperam pelos estudantes.

Nos dias seguintes, os desdobramentos. O ministro da Justiça, Gama e Silva, ex-reitor da USP, diz ao governador Abreu Sodré que tem de desocupar a Faculdade de Filosofia. O reitor, Mário Ferri, renuncia. O Conselho Universitário, reunido às pressas, nomeia Hélio Lourenço de Oliveira, da Faculdade de Medicina de Ribeirão Preto, que não é simpático ao governo militar. Depois de uma tensa negociação, a faculdade é finalmente esvaziada, o que inclui várias prisões. Dois meses depois, em 13 de dezembro de 1968, é promulgado o Ato Institucional n. 5. O responsável por sua redação é o mesmo Gama e Silva.

Tudo isso impacta o pacato Álvaro Fontela. Viera para São Paulo apenas por causa de Orides, pensava poder protegê-la, mas ela sabia se virar sozinha. Ela, por sua vez, percebia o desassossego do pai, e recomendou-lhe que voltasse para São João da Boa Vista. Ficaria bem, iria para o CRUSP. Ele concordou. No final de outubro, Orides se muda para o Conjunto Residencial no Butantã. Em dezembro, quatro dias após o AI-5, o CRUSP é invadido e ocupado pelo exército. Todos os estudantes são retirados. Orides fica furiosa. "Saímos quase arrastadas, eu e Gerda". Elas vão morar na Casa do Estudante, na Avenida São João.

***

Em 1968, Orides se matriculou em duas matérias: Sociologia e Teoria do Conhecimento, esta ministrada pelo jovem professor José Arthur Giannotti. O curso de filosofia serviu para Orides perceber que a poesia era o mais importante para ela. No final daquele ano, a nota de Orides em Teoria do Conhecimento foi 6,0, por um seminário sobre Kant. Em Sociologia, sua nota foi um pouco melhor, 7,75.

O primeiro semestre de 1969, quando Orides estudaria História da Filosofia e Teoria Literária, começou tarde, em abril, com o campus da USP cercado pelo exército. Havia a informação de que policiais disfarçados acompanhavam os cursos. No fim do mês chegou a notícia de que Giannotti e Bento Prado Jr. tinham sido aposentados por decreto presidencial. De Mello e Souza era a nova diretora do curso.

O Departamento de Filosofia, depois da destruição da Maria Antônia, passou a ocupar um dos barracões do Instituto de Psicologia, na Cidade Universitária, no Butantã. Destruía-se também a sua aura original. Fora afastado do centro da cidade, dos bares, dos cafés, das livrarias e das bibliotecas. Estava entregue a um barracão mal ventilado de onde se ouvia, às vezes, o som de operários trabalhando. Não havia nada comparável à efervescência dos anos anteriores. Ao contrário, havia desapontamento e desencanto.

Naquele ano ainda seriam compulsoriamente aposentados mais de setenta professores, incluindo nomes como Fernando Henrique Cardoso, Octavio Ianni, Caio Prado Júnior, Isaías Raw, Mário Schenberg e Paul Singer. O clima era tenso em toda parte. Na USP e na Casa do Estudante, era voz corrente que os militares estavam infiltrados. Certa manhã, Gerda e outros dois estudantes alertaram Orides de que havia um "milico" em um dos apartamentos da Casa do Estudante, provavelmente o responsável pela prisão, dias antes, de alguns alunos no Largo de São Francisco. Orides se enfurece. Os quatro vão até o quarto e escutam, pela porta, o som de uma vitrola: o "milico" ouve despreocupadamente Ataulfo Alves. Decidem bater. O "milico" abre, está só de cueca, "Quem é você?", perguntam. Antes de ele responder, Orides, enfurecida, pula sobre o homem, "Meganha filho da puta... Milico de merda...", ela grita, desferindo socos e pontapés. O homem, surpreso, defende-se como pode. O "milico" era Luís Nassif, que acabara de deixar serviço militar obrigatório e agora ocupava o apartamento vazio de alguns amigos, do qual tinha as chaves. Em 2002, Nassif publicaria uma crônica na *Folha de São Paulo* relembrando o episódio. Em "A flor incandescente da poesia", conta que um dos rapazes afinal o reconheceu, e acabou segurando "a potra braba" que queria espancá-lo. "E foi essa a única razão de eu não ter tomado uma porrada da qual teria motivos para me vangloriar para o resto da vida: a dona do murro era uma moça magrinha, de nome Orides Fontela, minha vizinha de São João da Boa Vista, na época uma estudante com inclinações para a poesia".

O ano de 1969 marcou também o lançamento do primeiro livro de Orides, *Transposição*, que o Centro de Espanhol da USP patrocinou. O livro sai discretamente, com 500 exemplares. De *Transposição*, Orides dizia: "Um livro estranho, que só recentemente percebi o quanto estava na contramão da poesia brasileira, sensual e sentimental. Parecia até meio cabralino devido a um vezo analítico, mas era isso, claro. Era um livro escrito no interior, em que poesia e filosofia tentavam se irmanar como possível".

No início de 1970, Orides se matricula em Filosofia Geral e em História da Filosofia II com uma professora recém-chegada da França, que preparava seu doutorado em Spinoza. Marilena Chauí tinha então 29 anos, Orides estava com 30. Logo ficaram amigas. No primeiro semestre de 1971, Orides seria sua monitora em História da Filosofia.

Algum tempo antes, ainda nos corredores da Maria Antônia, Orides conhecera Haquira Okasabe, que dava aulas em um curso preparatório para o vestibular. Um de seus alunos era José Miguel Wisnik. Haquira tinha em seu quarto, numa pensão da Rua Jaguaribe, uma pasta com poemas datilografados. Dentro dela estava *Transposição*, que só seria editado no ano seguinte. Wisnik recorda:

Caiu aquela bomba maravilhosa em minhas mãos. Era *Transposição*. Eu tive a sensação impactante de ser afetado por um livro ainda não publicado. Estava datilografado. Tinha algumas correções feitas a mão, com a letra e os garranchos da Orides. Era uma poesia límpida, e o livro produzia um impacto surpreendente. Os poemas tinham notas vibrantes, eram cristalinos, depurados de choque, agitação, polêmica, litígio ou militância. A experiência de vida, a poesia e a literatura pareciam ter sido filtradas por Orides, produzindo um livro-cristal.

Naqueles anos, Orides frequentava regularmente o apartamento do coorganizador do "livro-cristal", Davi Arrigucci Jr., na Rua Veridiana. "Davizinho" começara seu doutorado sobre Cortázar, orientado por Antonio Candido. Apresentou-a a amigos e destacou seu valor literário, que incluía certo "senso de transcendência", uma inquietação religiosa desvinculada da religião. "Havia nela alguma coisa de ascética. Um ascetismo combinado a certo 'desvairismo' ". Primeiro fora a forte influência do catolicismo e dos místicos espanhóis, depois a do orientalismo, do zen, da arte do *ikebana*. Seu afastamento posterior do catolicismo e do budismo não resultou, contudo, em uma visão ateísta, mas em uma mística difusa, sem igreja, imersa na estase e no êxtase da palavra e do silêncio.

Quando começou a pensar em estudar filosofia, Orides tinha em mente que sua posição frente à poesia já era uma posição filosófica. Ela vivia a intuição, quase inefável, segundo escreveu, de estar somente "a um passo" do aqui, do agora, dos acontecimentos: bastaria erguer o véu e toda a realidade se apresentaria como tal. Ao concluir o curso, sabia que jamais seria uma intelectual no sentido acadêmico: continuava a ser "simplesmente poeta". Achava melhor "criar do que comentar". A filosofia comentava bastante, mas não lhe dava respostas suficientes. Nela, a filosofia se transformaria em mito. "A ideia mítica de uma cidade dourada é bonita, faz parte da minha mitologia particular. Toda poesia é dotada desse fundo mitológico que o poeta cria". Em 1968, numa palestra de Quartim de Moraes sobre "Heidegger e a Técnica", ouve falar pela primeira vez do filósofo alemão, e se interessa imediatamente por ele. Lê Heidegger, Husserl e Merleau-

-Ponty. Descobre que as ideias podem ser afetos, e que a filosofia também é feita de paixão.

Em 1972, a professora Gilda de Melo e Sousa daria seu último curso de Estética antes de se aposentar. Orides estuda as vanguardas do século XX, a "arte bruta", o *happening* e o *kitsch*. Lê *Arte e sociedade*, de Roger Bastide, que a encanta. Também se encanta com os encontros de sexta à noite no bar Riviera, na Consolação, e no Nabuco, na praça Villaboim. Ali era comum a presença de Bento Prado Jr., acompanhado do seu famoso chapéu panamá. Mas sua formalidade não ia além do chapéu. Orides o admirou imediatamente, incluindo seu trânsito constante entre filosofia e literatura. Orides, por outro lado, transitava entre os bares e a casa de amigos como Olgária Matos, que tinha concluído o curso de filosofia em 1970 e se preparava para fazer o mestrado em Paris. Muitos casais frequentavam a casa; Orides ia sempre sozinha. Como diria depois em uma entrevista, "nos tempos da faculdade, quando todos os estudantes parecem iguais, minha vida amorosa melhorou. Depois voltou ao marasmo de sempre. Macho da espécie intelectual não é confiável, e os da minha renda são proletários grosseirões. Não tive opção. Mulher pobre ou vira feminista ou passa a vida apanhando do marido. Para mim sempre foi difícil namorar um homem do meu nível social. E eu era pobre demais para tentar alguma coisa com um cara melhorzinho".

O fim do período na USP coincide com as idas cada vez mais frequentes ao bairro da Liberdade, na busca pelo zen-budismo, a partir de 1973. Se, de um lado, ela encontrou no mosteiro Busshinji um lugar de paz e meditação, de outro, na Escola Marisa de Mello, na Penha, onde reassumiu sua função de professora primária, reencontrou o martírio do trabalho diário.

15. Muito além é o país do acolhimento

Terminada a licença de afastamento para capacitação, em fevereiro de 1973, Orides retoma, contrariada, suas funções escolares, numa turma da 3ª série. As dificuldades começavam cedo, quando tinha de tomar o ônibus para a Penha, pela Radial Leste, a partir da Sé, percorrendo 26 quilômetros. Leva uma hora indo e outra hora voltando todos os dias. Nos primeiros meses, consegue manter a nova rotina. Vai à Biblioteca Mário de Andrade preparar as aulas e o espírito. Seu temperamento, porém, não a deixa em paz: ela não tem paciência para a rotina escolar, e logo desiste.

Em junho, a birra e a desobediência de uma aluna afinal provocam um acesso de fúria. A menina nega-se a entrar na sala, cruza os braços e diz: "Quem você pensa que é? Você não manda em mim!". Orides explodiu ali mesmo, no corredor do primeiro andar. Rangeu os dentes, chutou os vasos de plantas, depois a porta, as carteiras e até as paredes, e afinal começou a bater a própria cabeça contra uma coluna. A gritaria era geral; crianças choravam e corriam. Foram necessários dois professores para contê-la. Ela foi medicada com calmantes.

Ficou de licença médica até fevereiro de 1974. Depois, teve de voltar a trabalhar. Decidiu tentar controlar os acessos de fúria. As idas ao templo budista ajudavam.

Ela também se concentrou na poesia, organizando seu segundo livro.

Foi quando morreu seu pai, em setembro de 1973, aos 66 anos. Orides viaja para São João e se hospeda na casa de uma tia, pois não queria ficar com Amparo, a madrasta, com quem Álvaro se casara depois de voltar de São Paulo, em 1968, apesar das chantagens e das crises histriônicas da filha.

No segundo semestre de 1973, publicado pela Duas Cidades, sairia *Helianto*. O livro era a junção de poemas escritos ainda nos tempos de São João com aqueles criados durante o curso de filosofia. A editora pertencia a José Santa Cruz e sua esposa, Maria Antônia Santa Cruz. José Santa Cruz era um ex-dominicano que já havia editado, nos anos 1960, boa parte do concretismo paulistano, além de obras seminais como *Parceiros do Rio Bonito e vários escritos*, de Antonio Candido, e *Ao vencedor as batatas* e *Um mestre na periferia do capitalismo*, de Roberto Schwarz. Candido era então um de seus principais conselheiros editoriais; não foi diferente com o livro de Orides.

Orides era frequentadora assídua da livraria da editora, onde passava horas lendo. Maria Antônia Santa Cruz lembra as poucas vezes em que ela a cumprimentou. "Talvez cinco ou seis vezes, e apenas quando estava de bom humor". Nos lançamentos na Duas Cidades, os garçons eram proibidos de servir bebidas a Orides. Maria Antônia recorda: "Dependendo de como estivessem seus olhos, no momento em que aparecia na porta da Duas Cidades, eu sabia se ela estava bem ou se estava bêbada. Quando estava bem, era uma maravilha. Quando não estava, era preciso ter paciência, senão seria um 'Deus nos acuda' ".

O lançamento de *Helianto* na Duas Cidades quase não teve repercussão. Alguns dias depois, porém, Orides recebeu uma carta elogiosa do poeta e tradutor José Paulo Paes. O livro também a ajudou a se aproximar ainda mais de Antonio Candido. Quando lera *Transposição*, em 1969, Candido reconheceu prontamente a força daquela poesia. Agora, em *Helianto*, descobria outras facetas: era um livro complexo, sofisticado, poesia extraída da reflexão, capaz de aberturas metafóricas e epistemológicas.

Helianto, o girassol, o sol e a flor, a luz e a terra, o frágil e o perene, o florescimento e o círculo, o pouco e a totalidade. O livro tinha como epígrafe uma cantiga de roda. O movimento circular era central em sua geometria poética. Começava com um poema sobre a palavra e terminava com um poema dedicado ao silêncio. Orides dizia que *Helianto* era o seu livro mais "bizantino", no bom e no mau sentidos, repleto de fontes e influências diversas. Também mostrava uma Orides que se divertia com o uso das técnicas poéticas. Quando aproximavam o livro do concretismo, ela dizia:

Sim, eu li os concretos, mas já era tarde. A espinha dorsal estava pronta e ereta, e outras influências só poderiam me atingir de raspão. Li também Mallarmé, Baudelaire, Góngora. E bem pouco penetrou naquilo que já era. É por isso que não sou e nunca pude ser uma renovadora e, no máximo, adquiri maestria e forma própria de lidar com o que recebi do meu meio. *Helianto* comprova bem tanto a maestria quanto a limitação... Mas acredito que, na época, minha preocupação com a metapoesia, a forma, a palavra, não estava tão defasada assim.

Apesar do apoio de Antonio Candido, o livro foi totalmente ignorado. Azar... Mudaria de novo, de poeta lida só na USP, só em São Paulo, para uma poeta conhecida pelo menos em alguns outros estados. Mas levaria tempo.

A vida cultural e literária era o que estimulava Orides, a sala de aula e a obrigação do trabalho docente diário, o que a abatia. A 5 julho de 1973, o dr. Demóstenes Martins, do Departamento Médico do Serviço Civil do Estado de São Paulo, encaminhou um pedido de informações sobre Orides para a diretora Deliria Scarabel. Ela respondeu dias depois:

A professora Orides Fontela possui 1) capacidade de trabalho reduzida e nenhuma eficiência; 2) É instável, com produção reduzidíssima; 3) Variável: ri, chora, agride, diz constantemente palavras de baixo calão; 4) Foi notado ultimamente modificação de seus atributos pessoais, para pior; 5) Desajustamento emocional e nervoso. Morde-se constantemente nos braços e mãos, chegando a ferir-se. Ideia de autodestruição. Fuga da realidade.

Entre 1974 e 1978, alternou crises sucessivas com sucessivos pedidos de afastamento por licença médica. Em 1979, não apareceu uma única vez na escola. Em março de 1980, o novo diretor da Marisa de Mello, Clóvis de Almeida, solicitou sua "readaptação", de professora para bibliotecária. O pedido foi o fim do tormento. Não precisaria mais lidar com crianças: cuidaria apenas dos livros da biblioteca, uma sala empoeirada e quente no fundo de um corredor. No pedido à Secretaria de Educação, o diretor justificou:

Vimos por presente solicitar a Vossa Senhoria conceder readaptação de funções para a professora Orides de Lourdes Teixeira Fontela, pelos motivos que a seguir expomos:

A) A professora tem saúde precária.

B) Não consegue chegar ao final do ano com sua classe, sem tirar licenças-saúde.

C) Seus problemas físicos interferem no desenvolvimento das atividades do dia a dia.

D) Constantemente temos que deslocar funcionários administrativos para ficar com uma classe, pois a mesma "passa mal" diariamente.

E) Há também crises nervosas, nas quais a referida professora perde totalmente o controle dos alunos e de si própria.

F) A professora funciona apesar de tudo como modelo dos alunos, que a imitam em seus gestos, vocabulário etc.

G) A diretoria tem recebido constantes reclamações dos pais e não tem mais como desculpar-se perante os mesmos.

O que mais chocava era quando se mordia. Parecia não querer obedecer nem a si mesma. "Quero morrer sem obedecer ninguém", disse certa vez a Olmea. Com a realocação, reduziu ainda mais suas idas à escola, até que, em 1989, afinal se aposentou. Mas esse seria um período produtivo para sua poesia. Acordava cedo, para ir até a escola e logo voltar. Por voltas das 11 horas já estava de volta à região central, na Duas Cidades, onde ficava lendo pelo resto da manhã. Depois do almoço, quando almoçava, voltava à livraria e continuava a leitura, ou ia no meio da tarde à casa de Gerda, que, sofrendo de insônia crônica, ainda dormia. Ela forçava Gerda a se levantar para fazer café e poderem conversar. As noites eram dedicadas aos lançamentos literários e aos bares.

16. A intensa angústia da fronteira em que estamos

Morrer lentamente é trabalhoso, exige dedicação e esforço, mas aos poucos começa a dar resultados. Orides já quase não comia, tampouco se cuidava. Em compensação, bebia com afinco. O novo livro, *Teia*, estava quase pronto, gestado com certa calma, ou ao menos algum vagar, a partir do final dos anos 1980, e amadurecido até 1994. Se no plano da poesia ela atingia novos patamares com a conclusão do livro, no plano pessoal, ia na direção contrária. No início do ano, a imobiliária havia reajustado outra vez o aluguel. Mas como deixar o "ninho"? A tosse aumentava, assim como a preocupação dos amigos.

Em uma das visitas de Renata Curzel em 1995, a poeta confessou seu desespero diante da possibilidade de se tornar uma "sem-teto". Tinha emagrecido ainda mais: talvez buscasse a inanição antes da suprema humilhação de ser despejada por falta de pagamento do aluguel. Renata ficou chocada com a situação da amiga e decidiu ajudá-la. Começou a procurar um apartamento que ela pudesse pagar. Sua aposentadoria era, então, de R$ 423,00.

Orides levara uma vida de migrante na cidade. Praça Marechal Deodoro e o CRUSP em 1968; Avenida General Olímpio da Silveira em 1969; em 1970, Rua Vitorino Camilo; novamente a Marechal Deodoro em 1971; Avenida

São Joaquim, na Liberdade, em 1974; Rua Bento de Andrade em 1977; em 1979, Rua Naca, na Penha; em 1981, a Muniz de Souza, no Cambuci, e, no ano seguinte, Rua do Alabrastro, na Aclimação. Em 1983, volta para a Liberdade, na Rua Fagundes, e ainda no mesmo ano, muda-se para a Cesário Mota Jr., na Vila Buarque, onde afinal se assenta durante doze anos. Tinha uma relação de amor e ódio pelos lugares em que morava. Em dois deles, na Marechal Deodoro e na Olímpio da Silveira, os apartamentos pegaram fogo; na Olímpio da Silveira houve um curto circuito da geladeira; na Marechal Deodoro, não se sabe se o incêndio foi obra sua ou do acaso.

No meio do ano, a pressão pela desocupação do apartamento aumenta. A imobiliária não para de atormentá-la com a cobrança dos aluguéis atrasados. Chega o aviso de despejo. Davi Arrigucci Jr., seu fiador, é acionado pela dívida. Orides se desespera. Decide que não vai mais se mudar: sair do "ninho" e ir para outro lugar seria apenas adiar a migração final para o cemitério. Não ficará na rua. Decide que vai morrer.

Renata Curzel continua a procurar um apartamento barato. Descobre ser impossível encontrar algum com uma aposentadoria de R$ 423,00. Um quarto em um cortiço custava R$ 300,00. Com R$ 400,00, podia-se achar algum muquifo, mas sempre havia o condomínio, sem falar no fato de que tudo se tornava impossível pela exigência de o inquilino comprovar uma renda três vezes maior que o valor do aluguel.

Renata tentou convencê-la a se mudar para o interior ou para a periferia de São Paulo. Orides recusou. Preferia se suicidar.

Renata perguntou se não seria possível que ela se instalasse, ao menos provisoriamente, no apartamento da Gerda. Orides explicou que não, por mais que gostasse dela. Pois seria uma vida sem qualquer privacidade. O apartamento era um amontoado de velhas quinquilharias acumuladas a esmo, uma coleção de objetos encontrados na rua, um caos completo e completamente atulhado. Nada que fosse suportável para a minimalista Orides.

Talvez no último minuto, prestes ao despejo, afinal recorresse à amiga de tantos anos. Gerda não a deixaria ficar na rua. Orides voltou a pensar em Olmea. Ele havia falado de um quarto nos fundos da padaria, onde estavam as sacas de farinha, o óleo e outros mantimentos. "Posso limpar tudo", prometeu o padeiro, "Você fica lá". Nenhuma possibilidade lhe parecia suportável.

Em outubro, no ápice do drama de poder perder o apartamento, Orides recebeu ali o jornalista Mário Sabino, da revista *Veja*, para uma entrevista. Talvez nutrisse a esperança secreta de que o acaso pudesse favorecê-la, e algum leitor-mecenas aparecesse para ajudá-la. O resultado foi o pior possível: a matéria acabou por pintar Orides como um pequeno demônio. Ela ficou, de fato, possessa como se o fosse. Todo o edifício e parte da Rua Cesário Mota puderam ouvir seus gritos. O condomínio foi acionado. Por sorte, Renata chegou ao "ninho", e pôde ver a revista despedaçada, com partes amassadas e arremessadas por toda a sala. Orides se balançava angustiada na cadeira. "O que eu vou fazer, o que eu vou fazer?". Seu novo livro, *Teia*, estava pronto, mas "encalhado": as editoras não queriam publicá-lo. Recebera respostas negativas da Companhia das Letras, da Paz & Terra, da Estação Liberdade e da Ática. Agora, depois daquela matéria, seria impossível.

Orides foi até a cozinha, abriu uma gaveta e ficou olhando para as facas, depois fechou a gaveta e voltou para a cadeira de balanço. Renata ainda estava ali, tinha passado o dia com ela; estavam atordoadas. Orides encostou a cabeça no espaldar. A matéria da *Veja* representava o fim da linha, disse afinal. Enquanto se balançava, observava as paredes descascadas do apartamento. Sabino fizera questão de tirar uma foto das paredes. "Ali vai outra dessas figuras bizarras que pululam no centro de São Paulo, movida a álcool, desespero, desesperança", escreveu. "Suas poesias são tristes como as paredes de seu apartamento". Orides não se conformava: "Jornalistazinho filho da puta!".

Renata sentiu que deveria agir. Ela mesma poderia resolver o problema imediato: convidou Orides para morar em seu apartamento na Casa do Estudante, apesar de isso ser contra as normas da moradia estudantil. Era dezembro de 1995. Renata disse que ela poderia se mudar em março, quando seu namorado deixaria a casa. Prometeu que, quanto à privacidade, não precisaria se preocupar, pois em breve também se mudaria. O quarto ficaria só para ela.

Em dezembro de 1995, Renata concluiria a graduação e teria direito, então, a permanecer por mais um ano. Mas como se tornara estudante da pós-graduação, esse direito se estenderia por mais três anos. Os trinta apartamentos da casa tinham dois quartos e uma área comum; eram, portanto, destinados a dois estudantes. Assim, Renata poderia garantir que Orides ocuparia ao menos um dos quartos, o maior, que era o ocupado por ela desde 1991.

Orides se acalmou. E calmamente pensou na possibilidade de aceitar o abrigo. Renata continuava a arquitetar seu plano: Sílvio Rodrigues, que fazia o papel de agente literário e enviava cartas com a reprodução dos originais para as editoras e também negociava os reajustes do contrato de aluguel para Orides, entraria em contato com Davi Arrigucci e com a imobiliária, tentando convencer o proprietário a não executar o despejo até março de 1996.

Orides encostou novamente a cabeça no espaldar da cadeira e a balançou. Ergueu o rosto, fixou os olhos no espelho, depois vagou pela parede descascada da sala. No alto, sem vida, parada num canto, a teia. Voltar à Casa do Estudante não era uma boa saída, mas as alternativas eram piores. Naquele momento percebeu o quanto afinal gostava do "ninho" da Cesário Mota. Ali concluíra dois livros, *Alba* e *Rosácea*, organizara a reunião dos seus poemas de 1969 a 1983, publicada em *Trevo* (1986), e trabalhara intensamente em *Teia*. A solidão da Cesário Mota havia sido a grande colaborada de sua poesia. Em 1986, no lançamento de *Rosácea*, disse: "O fato de ser muito solitária me favoreceu em termos de ter uma voz pessoal". Aquele apartamento havia sido sua melhor ermida. Agora tudo havia chegado ao fim. Orides não deixou de sentir um certo alívio. Talvez tudo tivesse realmente terminado: sua vida, sua poesia, sua aflição. Sentia que a morte estava por perto, sair da Cesário Mota podia representar o começo da descida final. O fim daquele período a conduziria para o nada afirmativo, ou coisa ou não coisa parecida. Pensou na poesia, em sua obra. O que mais poderia esperar dela? Ser traduzida? Há pouco, havia recebido uma carta, via Sílvio Rodrigues, de um jovem professor, o potiguar Márcio de Lima Dantas, que queria traduzir sua obra para o francês, e já havia começado o trabalho. Era um anseio antigo. Um novo alívio tomou conta dela. Fechou os olhos, deu um leve impulso na cadeira e voltou a se balançar, absorta. A ilusão é a elisão da luz. A desilusão, a des-ilusão, a anulação da ilusão, a volta da lucidez. A solução indolor não existe.

17. O ventre do caos

O primeiro dia de 1996, uma segunda-feira, encontra Orides entusiasmada. A retomada da poesia produz um suave ânimo antigo. É uma ebulição íntima, ao mesmo tempo contida e conhecida. Logo de manhã, senta-se diante da máquina de escrever e trabalha sem parar até o fim da tarde. *Teia* está pronto e revisado. O que ela quer agora é criar novos poemas, e procura seus indícios em suas anotações. Começa a repassá-las do caderno pessoal, de folhas avulsas e das páginas de livros alheios. Escreve ou conclui, até o fim do dia, 24 poemas, que em sua maioria permanecerão inéditos, apesar da reunião de sua obra feita por Augusto Massi em 2006. Outros continuarão ocultos em páginas de livros.

VENTO

um vento
brusco
sacudiu palmas
varreu a
vida

um
vento
elidiu as
manchas
da vida.

ovo

       O
     ovo
em silêncio
 trabalha
  espera
   trans
 muda-se

    O
   ovo
silêncio
  vivo

     O
   ovo
  vibra
preparando
    o
  voo

UTOPIA

I

    Poema: casa
    ao contrário

    o exato in
    verso
    do abrigo.

II

    Avisos. Perigos. Fugas-
    Alta tensão nas
                torres.

III

    Poema: abrigo
    im
    possível

    casa jamais
    habitada

AVENTURA

Sus
pense entre
        o chão e o
signo

névoa o
agora
e o próximo pas
so in
        certo

ser — horizonte —
continua
mente em
aberto.

I

      Só é paraíso
ontem
      porém amanhã
tem circo.

II

Paz?
no futuro.
Glória?
no passado.

III

Nunca há paraíso
aqui e
agora

— mas amanhã tem circo!

LÁPIDE

Resta uma
sombra
soçobro

a memória sem
porque

resta um
ovo
oco
talvez lenda

pobre nome
vazio.

Que fazer do
raro
pássaro

protegê-lo com meu
sangue
integrá-lo no meu
tempo?

Ah como é livre.

Que fazer do
raro
pássaro

liberá-lo no
infinito
no azul friamente
ingrato?

Ah como é frágil.

Frágil leve
livre.

O que
fazer:

soltá-lo
engaiolá-lo
comê-lo?

DA POESIA

Um
gato tenso
tocaiando o silêncio

O aberto
vive

chaga e/ou
estrela
é
eterno.

O aberto
brilha
destrói muros
amor intenso
e livre.

Este momento: arisco

alimenta-me mas
foge
e inaugura o aberto
do tempo.

Que vem
depois?
o
depois.

O que é
certo?
o mais
incerto

o indefinido o
aberto.

TARDE

A tarde o
vinho
nada esclarece
e mais tarde não há
lua.

A tarde os espelhos
sangram
nada se profetiza
e é certo: não haverá
lua.

(A tarde
já é muito, muito
tarde).

I

    Manhã. Um pássaro
    canta
    e não entende
    o que canta

II

    No canto
    o pássaro
    vive

    sem compreender
    que canta.

Um burrinho
rumina

emburradíssimo
burro: Burrinho
burramente
inocente.

Sono. Bocejos. Tédio...

E
no entanto
nosso século fez
tudo
pra merecer — demais —
o Apocalipse.

LAGO

Espelho anterior
aos olhos
fonte sem nenhuma
imagem

água infinita da
infância.

Um pássaro
é pássaro
em voo

um pássaro
vive
no voo

um pássaro
vale
se voa

um pássaro
voa
voa.

O AGUADEIRO

Derramar um
cântaro

um canto
deixar fluir
o novíssimo
encanto.

CORES

Equilibrar-se em
vermelho.

Evitar o rosa.

Despetalar o amarelo.

Transcender-se em
violeta.

Colher algum azul
se possível.

AUTOIMAGEM

Por ser cego e
irrefletido
meu espelho disse
a verdade:

quebrei-o.

Sete anos
sete anos
sete anos de
enganos!

A atenção não
cria: cuida.

Deixa florescer
o instante
e transparecer
o núcleo.

TEOLOGIA II

Deus existir
ou não: o mesmo
escândalo.

Oito destes poemas seriam publicados na *Revista de Cultura Vozes*, em janeiro/fevereiro de 1997, com o texto, "Uma — despretensiosa — minipoética", escrito em outubro de 1996, em que afirma: "[A poesia] Implica um impulso essencial para o mais alto, talvez para o ultra-humano". Trata-se de uma retomada da noção de sublime, em tom de indignação, pois ele agora teria completado seu processo histórico-cultural de banalização, de vulgarização, de rebaixamento, transformado em marca de papel higiênico. Ela se referia ao lançamento da marca Sublime Branco, "com baixo teor de cloro" (ardia menos, portanto, ao ser usado). Os demais poemas permaneceram inéditos (seriam encontrados somente em 2011, numa caixa do arquivo de Orides no escritório de Sílvio Rodrigues).

Além desses novos poemas, uma busca nos livros da biblioteca particular de Orides revelaria um volume inteiro de inéditos.

Numa página de *Uma flor para Juliana*, de Ignez de Oliveira Negrão, ela anotou:

> A onda
> vem
> do abismo mais
> fundo
>
> a onda
> vem
> e se
> quebra: um
> refundo
>
> (a onda
> dura
> um mundo).

No final de *Mosaico*, de Antonio Massa, escreveu:

I

    A noite é
    incolor
    giros

    Melhor é se é vida
    agasalha
    galáxias
    e germes.

    Mas só o dia vibra.

II

    A noite é
    austera
    refúgio

    Melhor útero
    quantas
    essências. Silêncios
    Mas só o dia vibra.

(13.3.97)

Na face interna da capa da revista *Novos Estudos Cebrap* n. 34, de novembro de 1992, edição em que o poeta e professor Alcides Villaça havia publicado um longo estudo sobre sua obra, lê-se:

    O voo
    pensa-se   o pensamento
                                    voa.

Em 16 de junho de 1994 anotou atrás do volume de *Poemas*, de Goethe:

    A espiral
    — abriga
    o círculo

                ***

    a aurora se
    mantém: a eternidade
    é intacta.

18. Sem rota sem ciclo sem círculo

A Casa do Estudante era uma moradia precária, mas suportável para estudantes que, como regra, eram jovens e saudáveis. Além disso, com exceção de Gerda, que lá se instalara em 1968 e ali ficara, a moradia era provisória. A maioria chegava com 18 anos e saía aos 23. A perspectiva de Orides, obviamente, era outra. Ela estava para completar 56 anos, tinha o corpo frágil, a saúde fraca e o trato difícil.

Em alguns momentos, parecia ter plena segurança de seu lugar na literatura brasileira. Noutros, achava que estava acabada. Como agora: voltar depois de tantos anos para a Casa do Estudante era o fim, a derrota. Mas apesar de deprimente, por um lado, era, por outro, incomparavelmente mais animador do que ir para a rua. Além disso, a mudança para a casa proporcionava uma vantagem financeira: ela passaria a dispor livremente do seu salário, cuja maior parte, até então, era consumida pelo aluguel e o condomínio.

Chegou o dia da partida do "ninho". Era março de 1996. Orides reuniu as poucas coisas que possuía. Olhou em volta. "Deve ser isto a ruína". Estava de pé, apoiada à bengala, o guarda-chuva no antebraço. A sala outra vez vazia. No alto, a inerte teia de aranha. Agora, o que ainda esperar da vida? Agora, como desatar a "difícil trama"?

A teia, não
mágica
mas arma, armadilha

a teia, não
morta
mas sensitiva, vivente

a teia, não
arte
mas trabalho, tensa

a teia, não
virgem
mas intensamente
         prenhe:

no
centro
a aranha espera.

    Ao deixar o edifício Tiatã, a poeta não deixava saudades. José Soares, servente e porteiro, acompanhou a síndica, Dulce Maria, na análise do estado do apartamento 66. Orides havia arrancado todo o assoalho de madeira, agora só havia o piso escurecido pelo piche que colava o assoalho. As paredes estavam sujas e descascadas, havia teias de aranha nos cômodos, palavrões escritos nas paredes, a pia, onde lavava e pendurava as roupas íntimas, estava quebrada. Enquanto observavam, apareceu Rita, a vizinha do 65 e, em seguida, chegou também Márcio Soares, filho do porteiro. Ficaram os quatro observando o lugar. Lembraram os doze anos da moradora. O porteiro relatou à síndica e à vizinha que, quando estava irritada com ele, costumava depositar absorventes nas venezianas de seu quartinho, quando não escrevia palavrões nas paredes do prédio. Seu filho, Márcio, passara a cuidar de um dos gatos que ela havia jogado pela janela.

Apesar de tudo, o edifício Tiatã não tinha exatamente uma grande reputação. No início, fora um lugar onde homens mantinham amantes; depois, vieram os nordestinos, e em cada quitinete havia, às vezes, quatro beliches. Em seguida foram os estudantes da Santa Casa, da Maria Antônia e do Mackenzie. Em frente ficava o ponto de três travestis: Márcia Ópera, Tiazinha e Joyce Boneca. Ao lado, o Bar & Drink's Tiatã, que Orides frequentava quase sempre sozinha.

O "ninho" estava agora desfeito. Orides pagou um carroceiro para levar as suas coisas, mas não quis subir na carroça, preferindo fazer o caminho a pé.

19. Há um tempo para desviver

Uma semana depois da partida do namorado de Renata do apartamento 51, a poeta instalou-se ali com a totalidade de seus pertences, que não passavam de uns poucos livros, algumas roupas velhas, um Prêmio Jabuti e sua máquina de escrever, além do tatame, do espelho e da cadeira de balanço. Assim que ela chegou, Renata tratou de sair. Planejara deixar a Casa do Estudante às pressas. Temia que a convivência íntima com Orides, mesmo que por poucos dias, não acabasse bem. Foi para a Aclimação.

Renata disse a Orides que encontrara um lugar para morar mais rápido do que pensara, de modo que a privacidade dela na casa estava garantida desde já. Renata dividia o apartamento com a estudante Bruna Ribeiro. Renata mudou-se sem avisá-la de que Orides a substituiria. Quando Bruna acordou na manhã de sábado, teve uma surpresa desagradável: não era mais Renata Curzel quem estava ali, mas uma desconhecida, alquebrada e áspera. O susto e a indignação de Bruna repercutiram na casa.

Renata não ligava para isso. Para ela, aquele não era um momento para as boas maneiras e para a política de boa vizinhança. Não queria arriscar qualquer oposição ao seu plano. Um gesto errado e o plano de salvação se desfaria como uma teia ao vento.

Bruna acionou a direção da Casa. Uma comissão de alunos foi até o quarto verificar "o problema". Observaram a cena, enquanto Bruna deixava o apartamento 51.

Orides achou ótimo. Podia ficar sozinha novamente. Nos primeiros dias na casa, quando descia para tomar café, a poeta era hostilizada pelos estudantes. Alguns a chamavam de invasora. Ela discutia, xingava-os; as reclamações prosseguiam e a confusão aumentava. Puseram o assunto na pauta da assembleia seguinte. A reunião estava lotada. Enquanto os estudantes decidiam pela expulsão da invasora, ela cortava os pulsos no banheiro do apartamento 51. Sabia que se os cortasse sob água corrente, poderia acelerar o desfalecimento.

A assembleia votou por unanimidade. A mulher deveria deixar imediatamente o apartamento. Aprovaram também uma moção de repúdio à atitude de Renata. Quem foi comunicar a sentença a Orides foi o estudante peruano Grover Calderón, mestrando no Largo de São Francisco. Ao bater na porta, ninguém respondeu. Ele bateu novamente. Chamou: "Senhora Orides, senhora Orides".

Calderon e alguns colegas decidiram entrar no apartamento. Encontraram a poeta caída no chão, o piso do banheiro coberto de sangue e água. Gritaram, correram, chamaram por socorro; uma ambulância foi acionada.

A cena chocou Grover Calderón. Com o apoio de uns poucos, ele convocou um nova assembleia. Disse que dividiria o apartamento com aquela mulher, se os demais concordassem. Mas não podiam ficar indiferentes ao caso de uma ex-moradora da casa, que passava por uma situação dramática. Com alguns votos contrários, Calderon passou a dividir o quarto 51 com Orides Fontela.

20. A vida é que nos tem: nada mais

A matéria da *Veja* despertara o interesse de Luiz Fernando Emediato, editor da Geração Editorial. Emediato deu alguns telefonemas e chegou a Sílvio Rodrigues. Pediu uma cópia dos originais de *Teia*, e imediatamente decidiu publicá-lo. Assim que o livro chegou às livrarias, o mesmo Mário Sabino publicou outra matéria na revista ("Voz silenciosa"):

Ela é mesmo uma pessoa de difícil trato. Tanto que hoje se encontra afastada de tudo e de todos, morando num cubículo sórdido do qual está sendo despejada. O seu isolamento é tamanho que foi quase impossível encontrar editor para esse seu último livro. A qualidade de *Teia*, no entanto, falou mais alto.

O *Fantástico* e o programa *Jô Soares* se interessaram pela história. Orides apareceu em ambos. Quando, depois da transmissão do *Fantástico*, acompanhou Gerda à padaria de Olmea, foi recebida com aplausos. Outro resultado foi a venda dos mil exemplares no primeiro mês, e uma nova tiragem.

Sílvio Rodrigues organizou um lançamento no bar Suffire, na Alameda Franca. Foram mandados 400 convites. O lugar ficou lotado. Mas nenhum poeta paulista, nenhum crítico literário ou jornalista apareceu. Ninguém além de advogados, amigos de Sílvio. "Foi um lançamento jurídico, não literário", diria Orides.

Orides não parecia estar bem, nem sentia ter motivos para isso. As soluções encontradas para seus problemas mais prementes não eram boas. Na verdade, para ela, tanto morar na Casa do Estudante quanto ter sua última obra publicada pela Geração estavam longe de merecer o nome de soluções.

Algumas semanas depois, Renata Curzel reencontrou Orides em outro lançamento, na Duas Cidades. Falava com o poeta Donizete Galvão, e uma pequena roda a escutava. A matéria da *Veja* ainda incomodava.

"Fui tratada não como poeta, mas como um 'caso' humano, e chegaram a falar mal de mim porque sou pobre. É assim que começa o folclore. Ficarei estigmatizada. Já estou cansada desse folclore. [...] Reclamam de *Teia* dizendo que é um livro mais fácil que os anteriores. Mas essa foi a minha intenção, quis me afastar do 'barroquismo'. Reclamam porque não falo de amor. Eu quis chegar ao miolo das coisas. Já fiz duas leituras para auditórios de jovens e gostaram bastante. Isso me deixa reconfortada. Mas, infelizmente, nossos especialistas ainda têm uma visão muito olímpica da poesia. Antes de *Teia*, cheguei a ser classificada de 'poeta metafísica'. Agora, espero, fica mais difícil me enquadrar. [...] Mas é a velha história: é melhor que falem mal, mas falem de mim. Preciso de dinheiro para viver. [...] Desde o início queria publicar pela Companhia das Letras. Pedi ao Augusto Massi que me ajudasse. É chique publicar pela Companhia. Pode ser uma infantilidade, mas era o que eu queria. Não consegui. Depois, pedi ajuda à Marilena Chauí, que escreveu o prefácio e encaminhou os originais à Brasiliense, à Ática e novamente à Companhia. Não deu em nada. Meu advogado, o Sílvio Rodrigues, tentou a Estação Liberdade e a Paz & Terra. Nada dava certo, já estava desistindo. Encontrei, então, o Luiz Fernando Emediato que, diante do escândalo feito pela *Veja*, quis apostar em mim. Na verdade, ele estava arriscando mais no escândalo do que em mim e estava certo, porque tudo isso pode me irritar, mas ajuda a vender. [...] Eu queria ser mais enxuta em *Teia*, queria escrever poemas exemplares, à moda de Brecht. Sei que isso não agrada, porque a moda hoje é o 'barroquismo'. A moda é escrever como Alexei Bueno. A moda é ser difícil. É um fenômeno sociológico, e não adianta discutir com os fatos da sociologia. [...] Não quero ir contra ninguém, só quero escrever meus poemas. Essa guerrilha de poetas é divertidíssima, mas não quero participar dela. As pessoas me veem como uma mulher pobre que escreve uma poesia boa, mas, coitada, não é do meio. Não tenho família, não tenho bens, não frequento os lugares chiques, é como se eu estivesse invadindo o Olimpo. [...] *Teia* é, de fato, meu livro mais sofrido, porque foi escrito em um período muito difícil, e essas coisas não podem ser ocultadas. Há uma seção, 'O antipássaro, em que estão apenas poemas do tipo 'bronca'. Esse meu lado não aparece em livros anteriores, e talvez surpreenda os críticos. Meu melhor livro é *Alba*, ele não tem sofrimento, escrevi-o sem nenhuma dor. [...] Eu sou antirromântica e não gosto de ser encarada como uma poeta que sofre. Não sei choramingar. Já fui chamada de estoica, e isso eu aceito. No Brasil, as pessoas têm de ser estoicas à força. [...] Não tenho rotina. Pertenço à família dos poetas inspirados, embora seja antirromântica e isso também esteja fora de moda, mas não é culpa minha. No fundo, talvez eu seja romântica. É tudo espontâneo, vou anotando em cadernos, em livros de outras pessoas, em pedaços de papel. Depois, deixo descansar por um longo tempo. Mas o mais difícil é o momento em que sento para organizar o livro. É a hora de encontrar a estrutura. Eu começo meus livros com um poema-tema, que depois dá nome ao volume, e acabo sempre com um poema sobre o silêncio. Tenho uma visão matemática dos livros. Eu não gosto de confusão, porque estudei filosofia e me tornei uma mulher com a cabeça lógica. Levo um tempo enorme buscando alguma ordem, construindo a estrutura, porque sem ela não há livro. [...] Meu lado metódico só aparece na poesia. Fora dela, não existe. A poesia reflete o temperamento, a personalidade do poeta, mas não a sua biografia. No meu caso, aliás, não reflete. Meus poemas não têm nenhuma relação com o meu cotidiano. Por isso me irrito com as reportagens que, em vez da poesia, falam de mim. [...] Ando afastada das coisas espirituais. Eu era zen-budista, mas abandonei a religião. Agora, estou pensando no assunto com mais distância. Os monges nos quais eu confiava morreram, a comunidade se mudou para o Espírito Santo e eu resolvi dar um tempo. Além disso, quebrei a perna e não posso mais me sentar na posição de lótus. [...] A doutrina budista diz: 'o único mal é a ignorância'. Está em um poema meu: 'Sempre é melhor saber que não saber'. Se isso é pessimismo, não sei. É uma ideia radical, que deseja chegar a alguma coisa, se é que existe alguma coisa onde chegar. [...] Duas coisas me fazem realmente mal: a falta de trabalho e a solidão. E são coisas muito difíceis de resolver, que destroem qualquer controle que eu pudesse ter da minha vida. Eu realmente me sinto perdida. Mas tenho de ser paciente e esperar. [...] Eu costumava mostrar meus poemas para alguns críticos, mas hoje eles acham que facilitei, que me tornei popular e não se interessam mais em ler o que escrevo. Descobri o quanto estou sozinha no lançamento de *Teia*. Foi muito bonito, só que não foi literário, foi jurídico. Só havia advogados. Não havia nenhum crítico, nenhum poeta. [...] Ser simples e direto é muito mais difícil do que ser 'barroco'. Para ser 'barroco', basta ter alguma cultura livresca. Para ser simples, é preciso ser poeta."

21. Só o nascimento grita

Em outubro de 1996, a imprensa voltou a procurar Orides. Dessa vez foi a revista *Marie Claire*. No texto de introdução à entrevista, a jornalista Marilene Felinto voltou a dar destaque ao folclore que cercava seu nome:

Orides Fontela, uma das grandes poetas brasileiras vivas, é uma estrela ao contrário — ela ofusca o próprio brilho. [...] Nada em Orides lembra o equilíbrio, a beleza e a elegância da poesia que escreve. Se o cotidiano de ninguém combina com poesia, o de Orides combina menos ainda. [...] Filha única — a mãe era dona de casa e o pai não tinha profissão definida —, sem herança nem parente, ela vive à beira da mendicância. Mora de favor na Casa do Estudante de São Paulo. [...] Este ano, por ocasião do seu novo livro de poemas, *Teia* [Geração Editorial], Orides foi a público pedir um emprego. Esteve na televisão, em jornais e revistas. Como ela mesma diz, interessa-lhe transformar 'verbo em verba'. [...] Por volta dos 35 anos, desistiu de encontrar o amor e foi procurar refúgio na bebida, no zen-budismo e na umbanda [...] Orides conversou com *Marie Claire* numa sala da Geração Editorial em Perdizes, São Paulo [...] Sua chegada à editora foi precedida de certa expectativa [quanto a ela] aparecer embriagada ou dominada por um estado de espírito que inviabilizasse a conversa. [...] Quase desvalida, tensa e pobre, ela tem, no entanto, uma estranha arrogância, resultante talvez de uma mistura de carência com genialidade.

Orides ficou furiosa. Procurou Sílvio Rodrigues e pediu que ele enviasse à revista uma carta-resposta, datada de 12 de setembro de 1996:

Senhores e senhoras,

Venho pela presente proceder a alguns adendos à entrevista publicada na edição de setembro de 1996. A parte da entrevista saiu certa e meu pensamento foi respeitado. Pena é que a introdução não respeitou minha pessoa. Explico:

a) Um erro: meu pai era operário, e jamais 'sem profissão'.

b) Vocês repetiram o papo maldosíssimo da *Veja* do ano passado, usando termos como 'miserável' (ou quase), bêbada, briguenta e — novidade — arrogante. Essa é uma revista feminina, deveriam ao menos respeitar outra mulher.

c) Miserável? Não, só funcionária pública aposentada. Todos os colegas — todos os pobres do Brasil estão no mesmo saco. Só que pobreza parece crime hediondo em alguém que se destacou — justissimamente — na literatura. Nossas assim ditas elites não perdoam.

d) Bêbada? Jamais. E eu jamais chegaria bêbada a uma entrevista. Sou pessoa responsável, e só a hipótese foi altamente ofensiva. Se Marilena Felinto pensou por culpa da *Veja*, deveria só pensar.

e) Briguenta? Ora, só defendo minha dignidade, minha liberdade, meus direitos humanos. Só rompo com quem os ofende.

f) Arrogante: a 'estranha arrogância'; que história é essa? O que tenho é legítimo orgulho de minha obra. Apenas. Mas orgulho em pobre vira arrogância, ou insolência.

Taí a explicação. Para compensar tais coisas — frutos de um preconceito básico contra os pobres — vocês me atribuíram genialidade. Nossa! Jamais me arroguei a tanto...

Carência, sim, carência econômica, isso tenho.

Não estou desorientada, estou desarmada por falta de grana, mas sou totalmente lúcida e sei o que quero, perfeitamente. Não sei se foi a Marilene Felinto que escreveu a infeliz introdução, nem quero brigar com ela, nunca. Mas, pelo amor de Deus, em vez de tudo isso, por que não me ajudam mesmo, por que admiram a poesia e desamparam a pessoa? É um só corpo, pô! Não quero piedade por ser pobre, quero algo para fazer e ganhar mais dinheiro, é só. Mas dinheiro é que ninguém solta, né? Não espero que publiquem a carta toda, mas é de justiça, que corrijam os erros, que não foram mal intencionados, a má intenção foi só da *Veja*.

Sem mais, um abraço e obrigadíssima pela fidelidade na entrevista.

Orides Fontela

***

Marie Claire — Você tem dado muitas entrevistas ultimamente. Entrevista combina com poesia?

Orides Fontela — Olha, eu não me sinto mal não. É interessante. Cansou um pouco, não é? Deu um certo cansaço porque eu tinha me mudado e juntou a confusão da mudança com a confusão das entrevistas. Mas eu já estou refeita.

MC — Você se incomoda com perguntas sobre sua vida?

OF — Me incomodo sim. Da minha vida particular basta saber uma coisa: eu sou professora aposentada, o meu dinheiro não está dando para o aluguel e eu preciso dar um jeito de arranjar um emprego para equilibrar meu orçamento. De modo que preciso de emprego e não de comentários. Portanto, vamos perguntar da obra, certo?

MC — As entrevistas ajudam a vender sua poesia?

OF — Isso o meu editor pode responder. Eu não sei. Com essa história de televisão, as pessoas comuns veem, não?

MC — Como foi com a televisão?

OF — Eu fui ao *Jô*, à Cultura, ao *Fantástico*. E o SBT também gravou um negócio que eu não sei se foi ao ar. Agora essa revista de vocês é uma revista feminina, não é?

MC — A *Marie Claire*? O que acha de revistas femininas?

OF — Eu não leio. Mas eu já vi nas bancas, só dei uma cheirada, folheei as páginas daquela *Cláudia* e pronto. Não adianta ler essas revistas. Pra ficar com inveja?

MC — Inveja de quê?

OF — Das mulheres da revista, aquelas madames, aquelas coisas todas bonitas. É masoquismo ficar vendo isso.

MC — Será que mulheres assim vão gostar da sua poesia?

OF — Não tenho ideia, viu? Realmente eu não conheço bem esse público. Eu acho bom que minha poesia seja divulgada em todos os meios. Muito antigamente eu não gostaria. Eu ia dizer que divulgar em publicação feminina não era lá muito bom porque o trabalho de mulher era sempre posto um pouco abaixo. A gente dizia que era "poetisa" e já estava se diminuindo. Agora isso já foi ultrapassado. Então, se a poesia fica aberta para um público mais popular eu ia gostar mais ainda. Mas isso é muito difícil.

MC — Porque sua poesia é difícil ou porque é difícil para o público popular ter acesso à poesia?

OF — A minha poesia atual eu acho que não está difícil. Mesmo assim, ler poesia depende de uma educação literária. As pessoas mais simples às vezes não têm. De modo que a gente escreve para quem quiser ler e puder ler.

MC — Uma vez você se converteu ao zen-budismo, não foi?

OF — Eu ainda sou mais ou menos zen-budista. Pelo menos até hoje não encontrei uma doutrina mais interessante. Aquela meditação que eles ensinam faz muito efeito para mim. Dá um trabalhão, fisicamente, mas para mim funcionou até certo ponto. Não digo que eu me iluminei, aí também não.

MC — O que você procurou no zen-budismo?

OF — Naquele tempo eu acreditava e procurava a iluminação mesmo. Mas só cheguei a um pisca-pisca. [risos]

MC — Mas como o zen-budismo a esclareceu?

OF — Me fez sentir e encontrar a energia vital, me acalmou bastante e eu tive uma experiência curiosa em que parece que o tempo e a eternidade batiam, eram a mesma coisa. Mas foi uma experiência curta, talvez tenha sido o tal pisca-pisca de que falei.

MC — O que significa o nome "Myosen Xingue", que adotou ao se converter ao zen?

OF — Significa "Mente Florescida". É um nome de leiga budista. Quando você entra, faz uma iniciação, corta um pouco do cabelo, põe uma água na cabeça e dá um nome. Eu achei bonito e usei num livro de poesia.

MC — Você teve alguma outra experiência religiosa?

OF — Uma vez, num templo, andei em brasas, outra vez, tive uma cura espírita. Não são coisas religiosas, mas metafísicas, parapsicológicas. Nessa história de religião, tem carne por debaixo do angu, mas eu quero comer a carne sem ter que comer o angu. Não descobri como ainda.

MC — Em *Teia* alguns temas são recorrentes. Aparecem em outros livros seus. É o caso do poema "Eros". Qual a diferença entre o primeiro e o segundo "Eros"?

OF — No primeiro eu estava me referindo ao Eros cosmogônico, ao amor como a energia criadora do mundo. É esse o sentido que a palavra amor tem em 90% dos meus poemas. É como em "Deus e amor". Deus é a energia primordial.

MC — Mas o segundo "Eros" é mais pessimista. Ele parece negar o amor.

OF — É, sim, pessimista. Aliás, ele está dentro de uma parte do livro onde eu joguei todos os poemas pessimistas. É um poema de briga. Eu estava dando uma bronca, porque o amor entre o homem e a mulher, no sentido erótico, é quase sempre uma ilusão de mulher.

MC — Da mulher, por quê?

OF — Bom, eu não vou dizer que o amor não existe, por que seria exagerado. Mas eu acho que é muito raro. O homem é muito machista, muito dominador, de modo que o amor fica estragado por essa mania de dominação. O que poderia ser um ato de amor, o ato sexual, vira um ato de dominação.

MC — Você acha que a mulher é dominada no ato sexual?

OF — Noventa por cento deles pensa assim. Se fosse pensado mesmo como ato de amor, seria outra coisa. Não é o ato em si, é a leitura das coisas. E um cara machista, que fica pensando que está te dominando, mantém uma relação desigual. Eu acho que o amor tem que ser inventado ainda, quando a mulher se tornar mesmo uma igual do homem.

MC — Segundo uma feminista americana, Andrea Dworkin, toda relação sexual entre um homem e uma mulher é um estupro. Você concorda?

OF — Depende. Mas pensando bem, a lua-de-mel dos antigos era um estupro consagrado, principalmente quando a moça estava casando à força. Agora, quando ela também quer, tudo bem. O que eu vejo de verdade nisso é que o homem vê a relação sexual como uma relação de poder, na qual ele pode possuir, dominar.

MC — Mas foi assim com você na primeira vez?

OF — Não, eu também queria.

MC — E teve amor?

OF — Não. Foi uma experiência pela experiência. Eu ainda não descobri exatamente o que é esse mitológico "amor". Sei que pode existir, mas não aconteceu comigo. Essa palavra "amor" é muito mitológica e confusa. Mas, voltando ao meu poema "Eros II", eu o acho o mais fraco do livro.

MC — Por quê?

OF — Parece poesia de camiseta: "O amor é..." Quando eu o fiz estava meio ressentida, porque o célebre "amor" não aconteceu comigo. Perdi uma experiência na vida, a experiência de um amor profundo. A experiência do parto também, embora eu tenha horror.

MC — Você tem horror? Medo?

OF — Tenho. É uma coisa grosseira. E depois, para que pôr mais gente neste mundo? Se a humanidade estivesse em extinção... Mas há bilhões de pessoas. Não vejo sentido em aumentar mais esse número.

MC — Mas você gostaria de ter tido um filho?

OF — Não. Mas se eu quisesse ter tido, era só não ter tomado a pílula. Sou teimosa quando quero uma coisa, eu vou lá e pego. Eu não tive realmente vontade. Isso deve ser dosagem de hormônio, para ter esse desejo. Tem mulher para quem isso é imprescindível. Tem outras que não ligam.

MC — Mas você tem algum problema de convivência?

OF — Às vezes me chamam de briguenta. Eu não sei como me relacionar bem. Primeiro, sou filha única. Fui criada muito tímida, fechada. Segundo, eu tenho que conviver num meio burguês, no qual não fui criada, tenho umas maneiras meio grossas. Não tomei chá em criança, como se diz. Embora tome agora, não funciona mais. E às vezes eu posso chocar as pessoas. Principalmente quando digo a verdade. Eu tenho que aprender a pôr uma mascarazinha. Às vezes eu me sinto um pouco diminuída em meios muitos burgueses. Frente a colegas poetas que são ricos. E é isso que faz com que eu seja agressiva com eles.

MC — Você tem amigos hoje?

OF — Meu círculo de relações está muito pequeno. Uma das coisas que eu pensei que podia conseguir com a poesia era ter mais amigos. Não estou conseguindo. Eu posso conseguir fama com a poesia. Só não consigo mudar de classe. Eu nasci "proleta" e continuo sendo. E essa separação de classe me dá o maior problema.

MC — Em que a diferença de classe social atrapalha seus relacionamentos?

OF — É o tipo de formação da gente ou a maneira como eles olham a gente... Eu já fiquei tão "assim" que quando desconfio que um cara está me olhando de cima para baixo, brigo. Agora melhorei. Eu tinha a ideia de que era mais ou menos uma personalidade excêntrica. Estavam me admitindo porque eu fazia boa poesia, mas era como se eu estivesse sendo vista como uma curiosidade. Estou superando isso.

MC — Você diria que existe uma poesia feminina ou só existe a poesia?

OF — Existe a poesia. Agora, na poesia, você pode fazer o que quiser. Por exemplo, Adélia Prado é bem diferente de mim. Ela é bem meu contrário. A poesia dela é boa. Mas é diferente. Me perguntaram como é que uma mulher pode não fazer poesia de amor. Isso é um mito romântico que virou lugar-comum. Homero, por exemplo, fazia poesia de amor? Não. Na poesia brasileira existe mais sensualidade e choradeira romântica do que amor.

MC — Você disse que a mulher ainda precisa se igualar ao homem, mas a situação da mulher não mudou bastante?

OF — Muito. Quando eu tinha vinte anos a moral era outra. Mas falta muito caminho.

MC — O que as mulheres já conseguiram?

OF — A mulher agora é gente. Temos nome e sobrenome. Não precisamos trocar pelo sobrenome do marido. Temos direitos políticos e outros, como o divórcio. Naquele tempo, se você entrasse no casamento, não havia porta de saída, e não havia a possibilidade de se libertar trabalhando. Havia poucos empregos femininos. A mulher divorciada era considerada prostituta. Mas mesmo agora há problemas. Um deles é que não ganhamos igual ao homem. Temos que brigar. Outro ponto é o duplo emprego. Acho que a mulher nunca vai estar livre se não houver um sistema que a libere do trabalho doméstico. Acho uma armadilha ter que trabalhar duas vezes.

MC — Quando você era mais moça, percebia isso?

OF — Ah, percebia. A desvantagem de ser mulher eu percebi aos 12 anos. As mulheres viviam pior, eu via.

MC — No interior, você tinha namorado?

OF — Só em São Paulo, na universidade, é que eu fui ter uns casinhos, mas não era nem namorado. Não houve paixão, nem amor. Foi em caráter de experiência, que eu encerrei depois. Porque não dá para se meter num meio baixo...

MC — Que meio?

OF — Naquele tempo muito louco. Em 1968, 1970, na universidade ainda era possível. Mas assim com pessoas comuns, eu não tenho confiança, nunca sei o que está acontecendo.

MC — Pessoas comuns? De fora da universidade?

OF — É. Eu sempre acho melhor não. Vai que você pega um cara bruto... Sabe lá o que vai acontecer... Com colegas, aquilo tinha caráter de experiência, foi meio brincadeira e parou. Depois eu encerrei tudo. Não valia a pena. Sem sensibilidade não há amor.

MC — Com quantos anos você decidiu encerrar tudo?

OF — Lá pelos 30, 35 anos. Não lembro, mas desisti. Se você está num meio social em que há pessoas da sua altura, pode ser. Mas se você está num meio social em que as pessoas são grosseiras, é melhor ficar na sua. Muito mais importante do que a experiência, para mim é a dignidade. Posso acreditar em amor, mas com dignidade, sem domínios.

MC — Você estudou na Faculdade de Filosofia da USP, um importante centro de militância da política estudantil nos anos 1960 e início dos 1970. Você participou desse momento?

OF — Não. Eu era mais da torcida do que da briga. E, além disso, eu era funcionária pública, não podia entrar na política, porque podia atrapalhar a carreira, e era só o que eu tinha para viver. Mas também era dar uma cheirada naqueles discussões para ver que era uma babaquice. Eles faziam tal confusão que eu não achava sério.

MC — Quem eram seus amigos na universidade?

OF — Eu não fiz nenhum amigo importante. Também eu fui me meter na Faculdade de Filosofia, uma turma muito chique. Eu tinha colegas de todo tipo, judeus milionários, gente daqui, de lá. Eu era tão louquinha naquele tempo.

MC — Como louquinha?

OF — Excêntrica, esquisita. Mas também aquela faculdade era tão cheia de excêntricos que eu estava em casa.

MC — O que seus pais acharam de ter uma filha na Faculdade de Filosofia?

OF — Minha mãe já tinha morrido. Meu pai, que tinha voltado a morar em São João, gostou muito. O simples fato de ter entrado na USP era uma realização enorme para mim.

MC — Você mantinha contatos com seu pai?

OF — Sempre, até ele morrer, em 1973, quando eu já tinha saído da USP. Era um amigo. Nós pescávamos juntos.

MC — O que acha das mulheres que são mães solteiras?

OF — Acho a coisa mais vulgar. E é injusto. O pai não vai assumir, ajudar? A mulher vai sustentar sozinha a humanidade nas costas? Primeiro precisa ser rica para ser pai e mãe ao mesmo tempo.

MC — Você, uma das grandes poetas do Brasil, vive no desamparo. O Estado tem o dever de amparar os poetas?

OF — O Estado tem o dever de amparar não só os poetas, mas a cultura toda. O governo não está dando nada para o social nem para a cultura. No Brasil, poesia é questão de status. O cara fazia um soneto e tinha status. Sempre se partia do princípio de que já era rico. Olha, pobre chegar à realização mais alta, são poucos os casos, como Cruz e Souza, o romancista Lima Barreto. Poucos chegaram e com muita dificuldade.

MC — Você se arrepende de não ter uma profissão que permitisse ganhar mais dinheiro?

OF — Não sou aquele tipo de pessoa que quer juntar coisas. Não é isso o que eu quero. Se eu tivesse feito uma faculdade que me desse uma profissão mais razoável, eu teria feito pedagogia, para ser diretora da escola. A carreira de funcionária pública é como cauda de cavalo, cresce para baixo.

MC — Por que acha que é difícil, com o talento que tem, conseguir um emprego melhor?

OF — Meu talento não é para ganhar dinheiro. Mas eu, francamente, sempre fui muito acomodada. Por exemplo, eu trabalhava só quatro horas. Se eu tivesse trabalhado oito horas, minha aposentadoria seria o dobro, e eu estaria um pouquinho melhor. Mas ninguém ia prever essa pindaíba toda. E o problema que eu estou tendo não é meu, é da minha classe. Para uma pessoa como eu, que já está meio velha, arranjar emprego não vai ser nada fácil. Mas vamos ver se eu consigo transformar o verbo em verba.

MC — Você não deveria ter cuidado disso mais cedo?

OF — Possivelmente. Mas não me manquei. Eu vivi ao contrário. Eu me preocupei com poesia, *ikebana*, zen-budismo, filosofia. Agora, me preocupar com ganhar dinheiro não me entrava na cabeça. Eu não sou materialista de nascença.

MC — Você ainda é PT?

OF — Estou desiludida com o PT. Eles perderam dois campeonatos, não é? Eu estou triste com o PT porque ele falhou. Antes eles lutavam mais. A esquerda brasileira é ingênua. Os comunistas eram piores, uns babacas. Eles não sabem brigar para conquistar o poder. Talvez eu vote na Erundina, mas eu estou pensando. Da Erundina, pelo menos eu gostava.

MC — Você bebeu durante uma época...

OF — Só de vez em quando, não é? Hoje eu bebo socialmente. Teve um tempo em que eu exagerei um pouco. Também eu passei um ano superangustiada porque já tinha recebido o prazo para mudar de casa. Eu estava acuada. Nesse tempo, bebi um pouco demais mesmo.

MC — Alguma vez você teve vontade de fazer psicanálise?

OF — Eu tentei, no Hospital do Servidor Público. Saí em três tempos. Fiz também aquela terapia de grupo. Fui duas ou três seções e achei besteira. Também tentei um pouco com o Gaiarsa [o psicoterapeuta José Ângelo Gaiarsa], que meus colegas de universidade indicaram, mas ele é um chutador. E eu não tinha dinheiro para pagar. Acho que ninguém sabe nada de nada. Se um poeta pudesse vender conversa tão caro quanto um psicanalista, ficava rico. Agora, para me curar, eu vou em umbanda mesmo. É muito mais barato.

MC — Você frequenta algum terreiro?

OF — Eu frequento um centro comum, que tem perto da minha casa. Eu nem acredito, nem deixo de acreditar. Mas me dá algum alívio. E não é coisa de burguês. Lá se conversa com caboclos, pretos-velhos, tiram-se energias negativas. Às vezes, eu estou assim, doida, e então aquela doidice sara por um tempo. Com o zen-budismo também. Eu sou uma pessoa meio tensa.

MC — Você nunca experimentou nenhuma droga?

OF — Maconha não deu certo porque eu não sei tragar. Eu tenho medo de tomar drogas. Sou uma pessoa que já tem muito problema por dentro, muita violência, não sei o que pode acontecer se tomar drogas. Pode ser que pire de vez.

MC — Mas você não tem medo da bebida?

OF — Devia ter, não é? Mas com bebida eu me conheço. E passei a ter cuidado.

MC — Mas você diria que seu barato é a poesia?

OF — Ah, eu já procurei tantos baratos. Até agora não achei realmente o meu.

22. Só existe o impossível

Em janeiro de 1989, quando Luíza Erundina assumiu a prefeitura de São Paulo, nomeou Marilena Chauí para a Secretaria Municipal de Cultura. Chauí levou com ela professores da USP e da PUC, incluindo Leda Tenório da Motta, que assumiu o Núcleo de Projetos Literários do Centro Cultural São Paulo. Alguns meses depois de assumir o cargo, Chauí ficou sabendo, por assessores, que Orides tinha ido insistentemente à secretaria pedir um emprego. Tinha acabado de se aposentar na Escola Marisa de Mello, e mal conseguia sobreviver com o salário. Chauí enviou um bilhete a Leda pedindo que "não deixasse Orides sem resposta".

Sem ter como alocá-la no quadro de funcionários do CCSP, já preenchido, Leda Tenório pensou em remunerá-la por palestras sobre poesia nas escolas da prefeitura, mas ela e seus assessores desistiram da ideia. Temiam a repercussão na imprensa. "Ela não tinha compostura para palestras públicas. Na época, todos estavam de olho na gestão do PT". Leda então encontrou outra saída, a "bolsa do bolso". Decidiram colaborar Marilena Chauí, José Américo Motta Pessanha, o documentarista Sergio Muniz e ela própria, que ficaria responsável por arrecadar o dinheiro mês a mês. A quantia chegava a dois salários mínimos.

Orides ficou feliz e sossegou por um ano. Depois Leda Tenório começou a ter dificuldade em reunir sempre a mesma quantia. No final de 1990, Orides foi até o ccsp e, ao encontrar Leda, explodiu em xingamentos. "Fique você com esse dinheiro de merda, não quero mais sua esmola!". Leda diria mais tarde: "Naquele momento, me senti ridícula por estar ajudando Orides. Na época eu fiz, hoje não faria mais. Vejo aquilo como um número de circo". Orides ainda foi à casa de Marilena Chauí repetir a cena. Mas Chauí não guardou mágoas: cinco anos depois, já fora da Secretaria de Cultura, tentou novamente ajudar Orides, e procurou com interesse uma editora para *Teia*. Também escreveu o prefácio do livro.

Pouco antes, no mesmo ano, Leda promovera no ccsp o Colóquio Nacional Artes e Ofícios da Poesia. Convidou como curador Augusto Massi, amigo de Orides desde os anos 1980. Orides não foi incluída na programação oficial, não participou das mesas de debates nem deu palestras, mas apareceu no livro resultante, Ofício do verso, em um longo depoimento. "Naquela antologia, Massi a confirmou como uma poeta importante na literatura brasileira", comentaria Leda Tenório.

Leda voltou a encontrar a poeta em 1996, em um lançamento. Orides pediu desculpas e também uma carona até a Avenida São João. "Quando deixei Orides na porta do prédio e vi onde ela estava morando, pensei que ela tinha chegado ao fundo do poço".

23. Reteso o arco e o sonho

"Um esforço para a objetividade e a lucidez": assim Orides sintetizava a filosofia; muitos diriam que essas palavras se aplicam à perfeição de sua poesia. Em todo caso, elas estão registradas no único texto reflexivo sobre filosofia e poesia escrito por ela, que tem por título, justamente, "Sobre poesia e filosofia — um depoimento", escrito em 1997. Nesse ano, Alberto Pucheu convidou Orides para participar de um livro que reuniria oito poetas afeitos à filosofia (além do próprio Pucheu, Adélia Prado, Antonio Cícero, Fernando Santoro, Marco Lucchesi, MD Magno e Rubens Rodrigues Torres Filho). *Poesia(e)filosofia — por poetas-filósofos em atuação no Brasil* sairia em 1998.

A poesia como o mito também pensa e interpreta o ser, só que não é pensamento puro, lúcido. Acolhe o irracional, o sonho, inventa e inaugura os campos do real, canta. Pode ser lúcida, se pode pensar — é um logos — mas não se restringe a isso. Não importa: poesia não é loucura nem ficção, mas sim um instrumento altamente válido para apreender o real — ou pelo menos o meu ideal de poesia é isso. Depois é que surgem os esforços para a objetividade e a lucidez, a filosofia. Fruto da maturidade humana, emerge lentamente da poesia e do mito e ainda guarda as marcas de conascença, as pegadas vitais da intuição poética. Pois ninguém chegou a ser cem por cento lúcido e objetivo, nunca. [...]

O caso é que eu não engolia, nem engulo, respostas já prontas, quero ir lá eu mesma, tentar. Tentava pela poesia. Ora, uma intuição básica de minha poesia é o "estar aqui" — autodescoberta e descoberta de tudo, problematizando tudo ao mesmo tempo. Só que esse "estar aqui" é, também, estar "a um passo" — de meu espírito, do pássaro, de Deus, e esse passo é o "impossível", com que luto [...].

Ingenuidade? Hoje sei que era, mas era a própria ingenuidade da poeta, era ingenuidade no mais alto sentido do termo, ingenuidade nobre, sem a qual não se cria. E lá parti eu para tentar a filosofia, continuando com a poesia, naturalmente. E o curioso é que essas águas não se mesclaram mais do que já estavam, senão a poesia poderia se tornar seca e não espontânea. Mas dei sorte de não me tornar filósofa... Aliás, o máximo que conseguiria seria ser professora de filosofia, isto é, uma técnica no assunto — e, bom, não era essa a finalidade. Nem dava: faltava base econômica e cultural. Pobre e vindo apenas do Normal, só consegui terminar o curso. Mas me diverti muito. [...]

Não sei onde a pesquisa poética e o pensamento selvagem me levarão. E inda acrescentei à minha salada o zen-budismo. [...]

O que dizer dos fragmentos de Heráclito? Mistério religioso? Filosofia? Poesia? Tudo junto! E de Platão, aliás, também poeta? E de Heidegger — que confesso ter lido como poesia — que, afinal, acaba no poético, por tentar algo indizível? Há muita poesia na filosofia, sim. Como os poetas, Sócrates era inspirado — e era fiel a sua inspiração. Só isto cabe ao poeta: ser fiel à voz interior, sem forçar, sem filosofar explicitamente. Deixar que, naturalmente, filosofia e poesia se interpenetrem, convivam, colaborem. Nasceram juntas sob a forma do mito, e juntas sempre, sempre colaboraram para criar e renovar a nossa própria humanidade.

O depoimento incluía um pequeno poema:

> Persigo a
> aguda trama
> da meta
> morfose.

Logo após enviá-lo ao Rio de Janeiro e confirmar sua aceitação, Orides escreveu uma carta a Pucheu, em que diz: "Alegra-me saber que o texto serve. Não que eu ache uma maravilha, não está muito inspirado e tem certo tom... adolescente, mas é suficiente, principalmente por ser totalmente sincero".

24. Incendiada doçura

ESFINGE

Não há perguntas. Selvagem
o silêncio cresce, difícil.

Antonio Candido acompanhou o lento desenvolvimento da obra de Orides desde seu primeiro livro (além de *Transposição*, de 1969, ela publicaria apenas outros quatro volumes de poemas: *Helianto* [1973], *Alba* [1983], *Rosácea* [1986] e *Teia* [1996]). Candido leu os originais de *Alba* e ofereceu-se para escrever o prefácio, o que deixou Orides agradecida e orgulhosa. No elogioso texto de introdução, há uma frase que seria citada por muitos comentadores de sua obra: "Um poema de Orides tem o apelo das palavras mágicas". Ela considerava *Alba* "seu livro mais feliz" (ele ganharia o Jabuti de 1984 como melhor livro de poesia). A "felicidade" de *Alba* também incluía sua vida na época, ápice de sua dedicação ao budismo.

Alba era o ápice do caminho poético iniciado com *Transposição*. Sabia que, naquele momento, havia construído um livro poeticamente sólido, íntegro e, por isso, de certa forma terminal. Voltaria à estaca zero? Estava novamente a "um passo de". Em *Alba* assinalou o fortalecimento da influência zen. "Só um 'cheiro', algo sutil, perceptível em certos poemas".

ODE (II)

O instante-surpresa: pássaros
atravessando o silêncio

o
instante
surpreso: conchas
esmaltadas imóveis

o instante
esta pedra tranquila.

25. Capturada em fria plenitude

A influência zen voltaria a aparecer em *Rosácea*, publicado em 1986. É um livro que organizou, segundo suas palavras, "depressa demais". O material era heterogêneo: coisas novas, fundos de gaveta, restos de memória.

Aproveitei do livro abortado o título e a estrutura quíntupla, devo ao Davi a ideia de como organizar o livro, mas, mesmo assim, é meio dissonante. Justifiquei-me usando como epígrafe um *koan* de Heráclito, se o universo é bagunça organizada, um "caosmos", meu livro também poderia ser a mesma coisa, tranquilamente... E foi em *Rosácea* que tentei me renovar, abandonar o "sublime" (de que, como boa proletária, desconfio pacas), e assumir o pessoal e o concreto, isto é, condensar as abstrações, apresentá-las como imagens, se possível exemplares — algo como Brecht. Em parte consegui, em parte não. Enfim, estou a caminho, uma nova virada, a mais problemática de todas. Quero assinalar que *Rosácea* inclui um livro zen — isto é, zen a meu modo — e sonetos (o "Bucólicas") que não estavam nem em *Rosácea* I, pura arqueologia. E poemas que ficaram só na memória... Existem ainda os poemas perdidos de *Rosácea* I? Vale a pena? Creio que não. Resgatei o que sobreviveu e pronto".

A epígrafe de Heráclito diz:

> Coisas varridas e
> ao acaso
> mescladas

— o mais belo universo.

Rosácea reúne 58 poemas que voltam a privilegiar a poética aforismática de Orides. Em "Kant (Relido)", resume a imanência e a transcendência em versos que invertem o micro e o macrocosmo.

> Duas coisas admiro: a dura lei
> cobrindo-me
> e o estrelado céu
> dentro de mim.

Em "Ó Flor!", com três palavras sintetiza uma época:

> Publicitária.
> Mitológica.
> Andrógina.

"Iniciação" lança um olhar ao mesmo tempo sintático e abrangente sobre o humilde, o anormal, o singular:

> Se vens a uma terra estranha
> curva-te
>
> se este lugar é esquisito
> curva-te
>
> se o dia é todo estranheza
> submete-te
>
> — és infinitamente mais estranho.

Em 1988, sairia *Trevo*, pela coleção Claro Enigma da Duas Cidades. O livro, editado por Augusto Massi, reunia todas as obras anteriores de Orides. Massi conhecera Orides em 1984, depois do lançamento de *Alba*. Ao ler o livro, ele a procurou e, com o tempo, se tornaram amigos. Massi seria um dos muitos que, em algum momento de sua vida, ajudaram Orides financeira e emocionalmente. A coleção publicou 13 volumes; o livro de Orides estava entre os quatro primeiros, ao lado de Francisco Alvim, José Paulo Paes e Sebastião Uchoa Leite.

Um trevo de quatro folhas. Para dar sorte. E eis tudo até agora. Mas nossa época é terrível, somos "poetas em tempo de desgraça", como diz Heidegger. Nossa cultura está numa crise que atinge suas próprias bases — e a isto chamamos pós-modernismo — pois nem nome próprio tem o que morreu e/ou ainda vai nascer. Onde estou? Onde se localiza minha obra de mais de vinte anos no quadro da poesia brasileira? Não sei. Que os amigos, os críticos, os outros poetas me ajudem a responder a esta questão. Eu deixo aqui este depoimento pessoal de uma autora senão excepcional, razoável e consciente. Em *Rosácea* 1 eu tinha posto uma epígrafe do Eclesiastes: "aquilo que acontece é / longínquo / profundo, profundo: / quem o poderá sondar?". Poderemos? Bem, a erva humilde e até vulgar da poesia não foi arrancada por ninguém, foi bem cultivada e deu no que deu: este *Trevo*. E sendo tudo por agora, prefiro recorrer de novo ao Eclesiastes: "Vaidade das vaidades, tudo é vaidade". Ou se quiserem, tudo é poesia.

No final de 1988, Massi faria uma longa entrevista com Orides para o jornal *Leia*, da Brasiliense. Foi acompanhado da fotógrafa Inêz Guerreiro.

— Orides, a gente percebe muitas vezes que a poesia para você não é trégua.

— Não é, isso está na minha própria vida, eu não tenho mais nada além da poesia.

Neste momento, a poeta emudece e vai às lágrimas. Tira os óculos, enxuga os olhos, vira o rosto para a câmera e tenta esboçar um sorriso. A câmera de Inêz Guerreiro captura as imagens.

A aproximação de Candido e Massi de Orides, a partir da publicação de seus livros, estressou significativamente a relação deles com ela.

Aos poucos, porém, Massi foi se afastando, cansado do temperamento da poeta. "Sem nenhum motivo ela tratava de arranjar encrenca com ele. Enchia a cara e inventava uma confusão sem nenhuma razão", reclamava Gerda.

Com o tempo, a percepção de Antonio Candido em relação a Orides também mudaria. "Era uma mulher má, de difícil convivência", queixava-se a Arrigucci. Candido diria isso depois do escândalo que a poeta protagonizou na Rua Briaxis, na Vila Olímpia, à época um pacato, arborizado e bucólico bairro de São Paulo. Devido a uma birra qualquer, enfurecida com Candido, aos berros, bêbada e transtornada, Orides pisoteou o jardim e o canteiro de rosas de Gilda de Melo e Souza, mulher de Candido. Dali em diante, o contato seria sempre por intermediários. Mas, apesar de tudo, Candido se esforçaria para entendê-la: "Fazer o quê? É nosso Rimbaud!".

26. Cria um amor fluente e sempre vivo

Nas lembranças, Gerda ainda a ouve confessar:
"Tem muita violência dentro de mim". A afirmação de Orides para Gerda e Renata aconteceu num dia em que beberam um pouco mais que o habitual, num bar na esquina da Imaculada Conceição com Martin Francisco, em Santa Cecília. "Jamais aconteceu um amor. Nunca amei ninguém", acrescentou secamente. "Minhas experiências amorosas foram tão ruins, tão chatas, que é melhor enterrá-las".

Orides disse que havia conhecido "mal e porcamente" apenas três homens em sua vida e que "com ninguém deu certo". "Sempre achei as regras do casamento muito rígidas para mim. Mas a vida é tão maluca, tão imprevisível. Quem sabe ainda não vou encontrar um grande amor? Minha madrasta, Amparo, casou com meu pai aos 60 anos".

Depois Orides desviou a conversa e passou a falar da relação entre amor e poesia. Talvez a rapidez com que ambos passam, disse, os una. As poetas costumam ter facilidade em falar do amor, sobretudo o romântico, e nesse aspecto acreditava ter fracassado. Quando moça, resolveu ser feminista e percebeu que se fizesse uma poesia sentimental, "feminina", iria se desvalorizar. Foi também um esforço pensado, propoital, fazer uma poesia seca, séria, despersonalizada, que não passasse em nenhum momento pela condição de mulher. "A poesia não tem sexo, assim como a matemática não tem sexo, a filosofia não tem sexo. A poesia é o que é. Se não falei de amores nos meus poemas, posso me justificar como Drummond: 'É preciso fazer um poema sobre a Bahia, / mas eu nunca fui lá'. Não amei ninguém. Eu falo do que conheço e do que vivi. E não conheço o amor". E acrescentou: "Mas não sou virgem. Perdi a virgindade de forma muito prática".

Dois anos depois de Orides ter chegado a São Paulo, em 1969, Gerda conheceu um homem que se interessou por ela, mas com quem não queria nada. Ela então sugeriu a ele: "Uma amiga minha quer experimentar...". Conversaram, e assim aconteceu. Foi um trato, pois a poeta queria, de fato, "experimentar o sexo". Não houve amor, sedução ou encantamento. Quando Orides viajou para São João da Boa Vista, de férias, contou tudo em detalhes para o seu pai. "Meu pai chorou muito e ficou desesperado, sem saber o que seria de mim. Eu disse a ele que não se preocupasse. Quem iria se interessar por alguém feio como eu?". Gerda complementa: "Orides perdeu a virgindade como forma de punir o pai, que havia se casado novamente, cinco anos depois da morte de sua mãe". Orides concorda. Quando Álvaro oficializou o relacionamento com Amparo Marques, ela ficou furiosa com o pai. Algum tempo depois, escreveu:

> matar o amor instaura
> a liberdade.

Anos depois, houve outro. Era um advogado sem escritório, casado, que dividia um pequeno apartamento com o sogro, a sogra, duas cunhadas e os filhos delas. Era um homem oprimido, que ia para a casa da Gerda para fugir da família. Gostava de comprar miolo de boi para Gerda preparar. Depois dele veio o último, era um taxista, e Orides o conheceu depois do atropelamento. Ele a socorreu. Também não durou nada. E aí acabou tudo de vez. Por volta de 1975, decidiu não querer saber de homem nenhum. "O amor nunca foi importante para você, não é?", perguntou Renata. "Eu nunca amei ninguém. Não é que não seja importante, mas não posso falar daquilo que não conheci".

Orides então lembrou que escrevera dois poemas chamados "Eros". O primeiro fora publicado em *Helianto*, o segundo em *Teia*. Entre os dois havia um intervalo de 25 anos. Nos dois poemas, o sentido dominante é a visão. "Eros II" começa com o verso "o amor não vê", ecoando o dito popular de que "o amor é cego".

EROS

Cego?
Não: livre.
Tão livre que não te importa
a direção da seta.

Alado? Irradiante.
Feridas multiplicadas
nascidas de um só
                    abismo.

Dissemina polens e aromas.
És talvez a
                primavera?
Supremamente livre
        — violento —

não és estátua: és pureza
                    oferta.

Que forma te conteria?
Tuas setas armam
                    o mundo
enquanto — aberto — és abismo
        inflamadamente vivo.

Em "Eros II", há a negativa do amor. Ele está doente dos sentidos, não vê e não ouve, assim como não produz ação.

EROS II

O amor não
vê

O amor não
ouve

O amor não
age

O amor
não.

27. Podemos morrer, inocentemente

Em julho de 1998, Orides sentiu sinais de colapso. A cada dia mais fraca e estiolada, abateu-se de diarreia e fortes dores no estômago; fazia tempo que quase não comia, apenas "beliscava" os alimentos. Bebia mais cerveja do que água. Suas tosses eram constantes. Donizete Galvão a levou a um médico. Os medicamentos receitados foram comprados e o modo de tomá-los postos numa lista, que ele pendurou ao lado da cama dela. "Não adianta nada", dizia Gerda. "Ela quer morrer". "Mas como, se diz que vai ficar curada, que os médicos vão salvá-la?", ele retrucou.

Em uma das idas ao hospital, um médico quis conversar com ela em particular. Orides saiu pálida e calada, mas aliviada. Talvez tivesse descoberto que, finalmente, iria morrer: a notícia que, de certa forma, a apaziguaria, que a livraria de uma ideia constante desde adolescência, o suicídio. Orides voltou muda à Casa do Estudante. "Está consumado", disse enigmática a Donizete Galvão. E lhe propôs "beber pra comemorar". "Comemorar o quê?", ele quis saber. Orides sorriu e agradeceu a preocupação. Disse estar convicta de que ficaria boa, como acabara de saber do médico, depois sorriu de modo um tanto forçado e voltou a se mostrar agradecida.

Em julho ela esperou ardentemente uma encomenda que viria de Paris. Era um pacote de livros, a tradução para o francês de sua antologia, *Trevè*, publicada com prefácio de Michel Mafessoli. O livro fora traduzido por Márcio de Lima Dantas e Emmanuel Jaffelin. Dantas havia entrado em contato com Sílvio Rodrigues que, com procuração de Orides, assinou o contrato e os acertos financeiros com a editora L'Harmarttan. Grover Calderón, que ainda dividia apartamento com ela, viu-a esperando sozinha, sentada na cadeira de balanço e na portaria da Casa. Estava ansiosa. Os dias passavam e nada de a encomenda chegar.

Ainda em julho, com uma grave crise de tosse, ela decidiu ir ao médico. Colocou seu vestido vermelho puído, um colar pesado de pedras, o casaco, e foi sozinha. Depois de passar por uma clínica na Consolação, o alarme foi dado. Ela seria transferida imediatamente para o Hospital do Mandaqui. Os médicos não a deixariam voltar para casa: tuberculose em estado avançado. Disseram que um pulmão estava todo comprometido; no outro, havia uma grande cavidade. Deveria dar telefonemas, avisar a família e os amigos. "Não tenho ninguém", respondeu.

No entanto, no hospital, recebia e respondia cartas o dia inteiro. Escreveu para Márcio de Lima Dantas, cobrando os livros traduzidos. Trocou cartas com Alberto Pucheu sobre o livro que estava para sair. Mandava bilhetes e dava telefonemas para Sílvio Rodrigues e Gerda, que ia visitá-la a cada quinze dias. Em meados de setembro, Orides foi transferida para a Fundação Hospitalar São Paulo, em Campos de Jordão. No trajeto para Campos, lembrou de Cruz e Souza. Ele fora um dos poetas mais pobres da história do país. Só ela havia sido mais pobre do que ele. Lembrou que Cruz e Souza enlouquecera depois que os quatro filhos morreram de tuberculose. O corpo de Cruz e Souza foi transportado de Minas para o Rio de Janeiro em um vagão destinado aos cavalos. Viajou sobre a alfafa e o esterco. Sabia francês, grego e latim, e morreu na mais crua miséria em 1898. Exatos cem anos depois, lá estava ela fazendo sua viagem final, numa velha Kombi da Secretaria da Saúde. Era a noite de 23 para 24 de setembro de 1998. Orides vestia uma bata hospitalar.

"Cada homem deve provar a sua palavra", dissera Cruz e Souza: os símbolos servem para perguntar as cores de nossos sentimentos. Ajudam a olhar através de grandes distâncias e subsidiam o pensamento lógico. Orides argumentava que o símbolo era da natureza de sua poesia, fazia parte da "carga de imagens". "Mas esse negócio de ser ou não ser simbolista tende ao fiasco".

Naquela madrugada, enquanto cruzava a SP 123, Orides também se despedia da cidade São Paulo. A cidade havia sido seu ninho de pedra, seu labirinto, sua escola e, sobretudo, seu eremitério. São Paulo era seu deserto particular, o lugar onde praticara sua "Errância":

> Só porque
> erro
> encontro
> o que não se
> procura
>
> só porque
> erro
> invento
> o labirinto
>
> a busca
> a coisa

a causa da
procura

só porque
erro
acerto: me
construo.

Margem de
erro: margem
de liberdade.

    Cruz e Souza ainda estava em seus pensamentos quando ela desembarcou em Campos de Jordão numa cadeira de rodas.

28. No abismo das lúcidas origens

Em outubro, Orides voltou a perder peso, as tosses não cessavam e seu quadro geral piorou. No dia 2 de novembro de 1998, ao anoitecer, Renata recebeu um telefonema de Grover Calderón. Era uma segunda-feira, feriado prolongado. Grover contou que o Sanatório Público de Campos do Jordão havia telefonado para o número dele, avisando-o de que Orides tinha falecido naquela madrugada. O recado era direto: "Se o corpo não fosse reclamado em 24 horas, Orides seria enterrada em uma vala comum com os recursos da prefeitura de Campos de Jordão, de acordo com o procedimento-padrão para os casos de indigência". Renata ficou chocada. Agradeceu o telefonema e disse a Grover que daria um jeito.

Ao seu lado estava a amiga e ex-colega de faculdade Rosa Mettifogo. Rosa ficara feliz ao conhecer a famosa poeta no lançamento "jurídico" de *Teia*. Ela acabara de se tornar procuradora. "Vou pagar as despesas funerárias. Vamos para Campos do Jordão!".

Embarcaram no carro de Rosa junto com a irmã de Renata, Rosana. Antes de partirem, Renata foi até a estante e pegou o volume de *Teia*. Passaram na Casa do Estudante para levar Gerda, mas ela não estava. Chegaram ao Sanatório São Paulo de madrugada. Foram imediatamente encaminhadas para o necrotério, onde, sobre uma mesa fria de aço, jazia o cadáver nu e magérrimo de Orides. Uma enfermeira do sanatório perguntou se elas eram parentes. "Não", responderam, "apenas amigas". A enfermeira entregou a elas o prontuário, a bolsa e um colar roxo pesado, e se retirou. Renata se aproximou do cadáver: mãos magras e finas, braços ainda mais finos, cabelo grisalho em desalinho, rosto enrugado, pés virados para dentro.

Rosana tomou a iniciativa de acender uma vela, depois ficaram sem saber o que fazer. Às três da madrugada, Rosa sugeriu que rezassem. Rezaram o "pai-nosso" e a "ave-maria". Renata então lembrou que havia trazido *Teia*, tirou-o da bolsa e propôs que lessem alguns poemas em voz alta. Abriu aleatoriamente o livro e leu o poema "Porta":

> O estranho
> bate:
> na amplitude interior
> não há resposta.
>
> É o estranho (irmão) que bate
> mas nunca haverá
> resposta:
>
> muito além é o país
> do acolhimento.

Passou o livro para Rosana, que leu "Balada":

> Os anjos são
> livres.

Podemos sofrer
podemos viver
o acontecer
único

— os anjos são
livres —

podemos morrer
inocentemente

— e os anjos são
livres
até da inocência.

Foi a vez de Rosa, com "Anjo":

I

Um anjo
é fogo:
consome-se

Um anjo
é olhar:
introverte-se.

II

Um anjo
é cristal:
dissolve-se.

Um anjo
é luz
e se apaga.

Nas primeiras horas da manhã, aguardava-as a tarefa de providenciar o caixão, a sepultura e o sepultamento. Bem cedo, começaram a telefonar para algumas pessoas em São Paulo, para convidá-las para o enterro. Sílvio Rodrigues disse que não viajaria, que os mortos não lhe interessavam: fizera suas homenagens a Orides em vida. Gerda, ao receber a notícia, chorou abraçada com amigos. Estava com problemas de saúde, não poderia ir. Rosa ligou para os jornais. Depois, dividiram as tarefas. Rosa foi para a funerária escolher o caixão. Rosana e Renata seguiram para o Cartório de Registro Civil declarar o óbito. A certidão trazia informações do prontuário n. 10.427:

Oriunda do Conjunto Hospitalar do Mandaqui, onde deu entrada no dia 17/09/1998, conforme registro 246466, e falecida em 02/11/1998, às 06:00 horas, conforme Declaração de Óbito n. 0032275, que acusa como causa: Insuficiência Respiratória em consequência de Tuberculose Pulmonar.

Quando Renata e Rosana chegaram à funerária, o vendedor tentava convencer Rosa a adquirir uma mortalha. Como não lhes tinha sido entregue roupa nenhuma e não queriam que a poeta fosse nua para a sepultura, compraram uma mortalha roxa, a cor que Orides mais usava. Rosa pagou as despesas, incluindo o transporte e o arranjo do cadáver, do sanatório até a sepultura.

Depois foram para o cemitério negociar o jazigo. Uma sepultura perpétua tinha um preço elevado, então lhes foi oferecido um "carneiro". Era como os coveiros se referiam às sepulturas não-perpétuas. Passado o período pago, se não houvesse renovação contratual, os restos mortais seriam lançados à vala comum. Foram oferecidos carneiros de cinco, dez e vinte anos. Elas ficaram com a primeira opção. Combinaram que a funerária "prepararia o corpo" ao meio-dia e que o sepultamento seria realizado à tarde.

O cortejo era composto exclusivamente pelo Santana prateado de Rosa com as três mulheres. Os telefonemas da manhã não haviam surtido efeito. Ninguém viera. Orides Fontela foi enterrada na quadra 78, sepultura 9, do Cemitério Municipal, às 17 horas do dia 3 de novembro de 1998, sob chuva fina. A garoa parecia acalentar o derradeiro silêncio da poeta.

No dia seguinte, os principais jornais paulistanos não deram nenhum destaque. Sete dias depois, Gerda mandou celebrar uma missa na paróquia Imaculada Conceição, na Brigadeiro Luís Antonio, e Donizete Galvão encomendou outra missa na igreja São Domingos, em Perdizes. Entre os poucos que compareceram à missa estava Davi Arrigucci Jr. Donizete e Gerda foram depois a Campos do Jordão e providenciaram a lápide de granito. Pediram para inscrever em bronze o nome da poeta, acompanhado dos versos:

Um anjo
é fogo:
consome-se.

29. Para ser simples, é preciso ser poeta

Ao chegar a São Paulo de volta do enterro, Renata, Rosa e Rosana foram diretamente para a Casa do Estudante, para entregar a Gerda os poucos pertences de Orides. Gerda perguntou se Renata não queria ficar com os livros. Renata recusou a oferta, mas escolheu alguns: *Eu*, de Augusto dos Anjos; *De poesia e poetas*, de Eliot; *Poemas* de W. B. Yeats; *Invenção de Orfeu*, de Jorge de Lima; uma pequena biografia de Santa Teresa de Ávila; *Les Fleurs du Mal*; a *Teogonia* de Hesíodo; *As metamorfoses* de Ovídio e, de Virgílio, *Eneida* e *Bucólicas*.

Dias depois, Renata e Rosa receberam uma visita de Gerda. Ela trouxera a estatueta do Prêmio Jabuti. Trouxe também o troféu da APCA. Gerda achava que o Jabuti devia ficar com Renata. Renata recusou sem saber bem o porquê. Rosa decidiu guardá-lo com ela. Renata ficou com o troféu da APCA, mas ele caiu no chão e se espatifou. A máquina de escrever sumiu; a cadeira de balanço foi para um museu de São João; os originais dos livros estão por toda parte.

Sílvio Rodrigues ficou com os documentos pessoais, as declarações registradas em cartório e os rascunhos de poemas datilografados. Orides fez um testamento assinado a 31 de maio de 1990, em que deixa "os direitos autorais de sua obra" para Antonio Candido e seus herdeiros. A 14 de outubro do ano seguinte, ela assinou o pedido de revogação desse testamento. No meio tempo, havia ficado irritada com Candido, que não queria mais recebê-la. Dois anos antes, a 30 de outubro de 1989, ela fora com Sílvio até o Cartório de Notas da Rua Rego Freitas e assinou uma declaração, registrando sua "última vontade": "que meus restos mortais sejam cremados e as cinzas resultantes sejam jogadas fora".

***

Na semana em que, finalmente, a imprensa se deu conta de que Orides havia morrido, no Rio de Janeiro, Alberto Pucheu sentiu o vazio sob os pés. O sentimento misturava o choque da notícia com sarjas de melancolia. Recebia em sua casa as caixas da editora 7 Letras com o livro que havia organizado. Pucheu deveria fazer a redistribuição dos exemplares aos autores. "Orides havia vibrado com a publicação, dito que era uma honra participar daquele time, e acabou sem ver o livro". Depois de ler as provas do seu texto, Orides havia escrito a ele: "O livro reúne nomes com os quais fica lindo me juntar. Obrigada". A poeta também ficou sem ver *Trevè*. Quando a caixa de livros afinal chegou à Casa do Estudante, ela estava internada no Hospital do Mandaqui. Como não havia ninguém na portaria para recebê-los, a encomenda retornou à França.

"Cacos de vida colados / formam estranha xícara". Os versos de Drummond parecem, de alguma forma, se referir a Orides. Ela, por sua vez, dizia-se "drummondiana": "Geneticamente, sou drummondiana. Gosto do Drummond tiro-e-queda, aquele dos pequenos poemas onde não sobra nada: destrutivos e impressionantes". Também gostava de se dizer "a poeta mais pobre do Brasil". Não era verdade. Quando morreu, tinha 10 mil reais na conta, que Gerda administrava com ela.

    CDA (RELIDO)

    Caio ver
        ticalmente
        e me transformo

***

    CDA (IMITADO)

    Ó vida, triste vida!
    Se eu me chamasse Aparecida
    dava na mesma.

"Cacos de vida colados" também se chamam memória. Algumas ficariam registradas, como as de Alcides Villaça:

O meu interesse pela Orides centra-se, sobretudo, na poesia dela, que passei a admirar já nos anos 1970, quando a descobri. Estive com ela algumas vezes, por conta da coleção de poesia Claro Enigma, em que ambos fomos editados. A essa altura você já deve saber que se tratava de uma pessoa bastante singular, dividida entre os extremos da lucidez e da alucinação. Escrevi alguns textos sobre ela e continuo fã de sua poesia marcada pela contenção e pelo equilíbrio, tudo filtrado por aguda sensibilidade (ao contrário da pessoa, sempre imprevisível e destemperada). Tenho umas duas ou três lembranças mais vivas dela: 1) o visível pouco caso quando, lendo pela primeira vez uns poemas meus, sentenciou: "Ah, é mais uma poesia lírica"; 2) a impaciência com que aguardou a publicação de um ensaio meu sobre a poesia dela, que acabou saindo na revista do Cebrap; ela ia todos os dias à livraria Duas Cidades, de que era vizinha, pra ver se "a revista já tinha chegado". Me contaram que quando chegou, ela puxou uma cadeira e leu o ensaio ali mesmo, junto à prateleira, "fazendo caras e bocas" a cada frase; na dedicatória do livro dela para mim, colocou: "Para o caro colega, com um abraço. Obrigado pela frase sobre mim!". Eu não faço a menor ideia de qual frase seria essa!

Eu a vi pela primeira vez numa aula a que fui assistir como ouvinte, na Filosofia, da profa. Gilda. Sentava-se à minha frente uma moça magérrima, desdentada e de óculos com lentes grossas, que não parava de desenhar círculos e espirais numa folha de papel. Não sabia quem era aquela "louquinha". Quando depois soube tratar-se da poeta do livro *Transposição*, que tanto tinha admirado, fiquei pasmo. Em outras oportunidades, como numa sessão de fotos para a divulgação da coleção Claro Enigma, ou no lançamento de nossos livros, que fizemos em conjunto, sempre me admirei da oscilação de Orides entre um discurso apolíneo, centrado, reflexivo, e de repente um surto catártico, uma explosão emocional. Quando bebia — e bebia muito —, isso se radicalizava ainda mais. Por isso, guardei dela uma respeitosa e protegida distância, sem que isso diminuísse meu reconhecimento por haver escrito poemas de tão alta beleza.

Além do texto que saíra na revista do Cebrap, Villaça escrevera dois outros sobre a poeta, publicados na *Folha de S. Paulo*. Nunca saberia qual frase a comovera, mas acredita que possa ser a primeira: "A poesia de Orides Fontela compõe um sentimento de destino e uma lucidez serena"; ou talvez, mais à frente: "Uma poeta para quem a poesia é uma tarefa do espírito e para o espírito, sem qualquer concessão". Ou esta: "Espantosa adequação entre os símbolos e os conceitos, o pensamento e sua figuração sensível". Talvez esta: "Sente-se nela o trabalho lento, a atenção cuidadosa para com os fenômenos do existir, a reflexão incansável, o contato amoroso com as palavras, seus ritmos, suas sonoridades, sua precisão, sua abertura para o inefável". Ou, por fim, esta passagem:

Sem bairrismo, sem regionalismo, sem nacionalismo; à margem de "vanguardas"; imune à parodização como sistema; sem biografismo, sem confessionalismo, sem psicologismo; sem expansão retórica mas sem obsessão minimalista; fora do anedótico, do panfleto, da provocação; sem bandeira política, estética ou ecológica; sem escatologia agressiva, dramatismo ou ressentimento — em que águas, afinal, lança âncora a poesia sem rótulos de Orides?

Um quarto texto seu, "O espelho de Orides", de 1998, era um pequeno obituário:

Não se espere que Orides nos fale do cotidiano, ou de sua biografia, ou das notícias correntes, ou das carências específicas; poemas sem queixa e sem esperança movem-se na direção profunda de si mesmos, porque vivem da convicção de que, fora deles, não há ser possível. É nesse espaço de palavras e nesse tempo radical que respiram, plenamente articulados entre si, os símbolos essenciais de Orides. Por força do poético que há neles, tais símbolos se apresentam como os mais efetivos acontecimentos. Os títulos de seus livros são substantivos, *Transposição*, *Helianto*, *Alba*, *Rosácea* e *Teia*, que figuram sutilmente um levíssimo movimento, por trás das imagens aparentemente fixadas. É esse movimento que o leitor deverá descobrir, se der aos poemas o tempo da atenção que leva à permanência. Sim, há também mitos, há personagens, há filósofos e poetas ouvidos e nomeados nessa poesia, que desse modo levanta a cabeça e olha em torno, sondando o repertório da tradição cultural e da modernidade — para logo baixar os olhos até a página e inscrever, como em pedra, os nomes que clareiam o enigma, conservando-o. Sem outra resposta para a vida que não fosse as palavras subitamente essenciais, Orides cristalizou-as, num espelho que nos apanha.

O poeta Claudio Willer declararia:

Orides já chamou a atenção com *Alba*, livro dela que saiu pela editora Roswitha Kempf, em 1983, depois, mais ainda, com o livro que Augusto Massi organizou, *Trevo*, de 1988, e a matéria sobre as loucuras dela publicadas pela revista *Veja*. Consta que quando Massi foi falar com ela, chovia gatos na entrada do prédio, ela havia resolvido jogar todos os seus gatos pela janela. Participou na década de 1990 em três eventos de poesia que organizei — nos três, felizmente, tudo correu bem, leu direitinho os poemas e não deu escândalo. Um deles, em 1996, na Casa de Cultura do Butantã, lotou, umas 200 pessoas. Participou de récitas de poesia que Eunice Arruda organizou na Livraria Duas Cidades no fim da década — em uma delas me apresentei, ao final perguntei a ela se tinha gostado: "Não! Surrealismo não é comigo!", disse secamente. Brinco que Davi Arrigucci morar em uma espécie de lugar geométrico dos apartamentos de Orides, na Cesário Mota, e de Roberto Piva, na Canuto do Val, o qualifica para subir diretamente ao céu quando morrer. Davi é um crítico rodeado de poetas loucos...

30. O que é tão puro
que enlouquece as flores

Poucos dias antes de morrer, Orides telefonou de Campos do Jordão para Davi Arrigucci. Ele não estava. Ao chegar em seu apartamento, Arrigucci encontrou o recado. "Orides Fontela telefonou do hospital de Campos onde está internada". Davi retornou imediatamente. Não conseguiu falar com ela. Algumas horas depois, o telefone tocou e ele atendeu. Era Orides. Ela comentou que estava mal. Dizia que desta vez não escaparia. Davi tentou confortá-la. "Fique bem. Não se preocupe. As coisas prosseguem. Sua poesia sobrevive".

Davi Arrigucci escrevera ensaios sobre inúmeros poetas, mas nenhum sobre a que ajudara a descobrir. Alguma forma de pudor. Dez anos antes da morte de Orides, o *Jornal do Brasil* pediu a ele um pequeno depoimento sobre a poeta, alguém que, segundo ele, não temia nem a crueldade, nem a transcendência:

Conheci Orides Fontela faz muitos anos, em São João da Boa Vista, quando éramos crianças, depois a reconheci ou conheci verdadeiramente como poeta nos anos 1960 ao ler, com emoção, no jornal *O Município*, de nossa terra natal, um de seus poemas, "Elegia 1". Orides era muito enigmática e sua poesia também, como a poesia tende a ser. Enigma é aqui o de uma lucidez que ilumina e recorta os dramas da existência, da expressão, do comportamento, dos objetos, de si mesma, com ímpeto ao mesmo tempo lúdico e destrutivo sem temer a crueldade, abrindo-se "à transcendência, para se encontrar de novo com o enigma mais vasto do ser". Poesia regida pelo agudo senso de que o que pode ser dito deve caber na forma breve, no limiar do silêncio. Momentos de verdadeira iluminação lírica, poeta com força de verdade, herança da melhor tradição da poesia moderna no Brasil, de Bandeira, Drummond, Cabral, em síntese pessoal e única, luz de São João, que se fez total, sangue vivo na memória que dói para sempre, no mínimo tudo.

Referências

POESIA

- FONTELA, Orides. *Transposição*. Instituto de Cultura Hispânica da USP, 1969.
- _____. *Helianto*. Duas Cidades, 1973.
- _____. *Alba*. Roswitha Kempf Editores, 1983.
- _____. *Rosácea*. Roswitha Kempf Editores, 1986.
- _____. *Trevo*. Claro Enigma/Duas Cidades, 1988.
- _____. *Teia*. Geração Editorial, 1996.
- _____. *Poesia Reunida*. Cosac Naify, 2006.

PROSA

- _____. "Almirantado" *in* ALMANAQUE, n. 4 (Cadernos de Literatura e Ensaios), São Paulo, 1977.
- _____. "Sobre filosofia e poesia, um depoimento" *in* PUCHEU, Alberto (org.). *Poesia (e) filosofia por poetas filósofos em atuação no Brasil*. Rio de Janeiro: 7 Letras, 1998.
- _____. "Uma. despretensiosa. minipoética". *in Revista de Cultura Vozes*, n. 1, ano 91, vol. 91. Petrópolis: Vozes, Janeiro/Fevereiro, 1997.

OBRAS PUBLICADAS NA FRANÇA

- _____. *Trevè*. Tradução Emmanuel Jaffelin e Márcio de Lima Dantas. Paris: L'Harmattan, 1998.
- _____. *Rosace*. Tradução Emmanuel Jaffelin e Márcio de Lima Dantas. Paris: L'Harmattan, 2000.

TEXTOS PARA REVISTAS E JORNAIS

- _____. "Ao mestre, com carinho" *in IstoÉ*, 28 de março de 1984.
- _____. "Zen e a arte dos arcos" *in IstoÉ*, 16 de maio de 1984.
- _____. "Do intelecto à poesia" *in IstoÉ*, 15 de agosto de 1984.

- _____. "Sobram imagens, falta amor" *in IstoÉ*, 17 de outubro de 1984.
- _____. "Doce utopia libertária" *in IstoÉ*, 19 de junho de 1985.
- _____. "Ironia, dor e desespero" *in IstoÉ*, 6 de fevereiro de 1985.
- _____. Poemas "Ode"; "Canção"; "Kant (relido)"; "Estrela" *in Folha de S. Paulo*, 30 de outubro de 1983.
- _____. "Coruja" *in 12 Folhetim / Folha de S. Paulo*, 9 de fevereiro de 1986.
- _____. Poemas "Rosas", "Antigênesis", "A loja de relógios", "Viagem" *in Folha de S. Paulo*, 7 de outubro de 1984.

PRÊMIOS

- 1983 — São Paulo — Prêmio Jabuti de Poesia, pelo livro *Alba*, concedido pela Câmara Brasileira do Livro.
- 1996 — São Paulo — Prêmio da Associação Paulista de Críticos de Arte, pelo livro *Teia*.
- 2007 — Belo Horizonte — Comenda Ordem do Mérito Cultural, categoria Grã-Cruz.

ENTREVISTAS

- CASTELLO, José. "Orides Fontela resiste à sofisticação da poesia". *In*: *O Estado de S. Paulo*. 01 de junho de 1996.
- FELINTO, Marilene. "O avesso do verso. Entrevista: Orides Fontela". *In*: *Marie Claire*, setembro de 1996.
- GRAMMOND, Helena. "Poetisa Orides Fontela com valor reconhecido pelos críticos e que vive com uma pequena aposentadoria em São Paulo". *Fantástico*, TV Globo, 3'50, 05/05/1996.
- MASSI, Augusto. "Poesia, sexo, destino: Orides Fontela" *in Leia livros*, São Paulo, 23 de janeiro de 1989.
- _____ (org.). "Nas trilhas do trevo". *In Artes e ofícios da poesia*. Porto Alegre: Secretaria Municiapal de Cultura/Ed. Artes e Ofícios, 1991.

- MARQUES, Ivan (dir.). "Orides. a um passo do pássaro", São Paulo, TV Cultura, maio de 2000.
- MEDEIROS, Jotabê. "Orides Fontela combate despejo com sua poesia" in *O Estado de S. Paulo*, 12 de abril de 1996.

SOBRE ORIDES

- ARRIGUCCI Jr., Davi. "Na trama dos fios, tessituras poéticas" *in Jandira — Revista de Literatura*. Funalfa Edições, outono de 2005, n. 2.
- BORGES, Contador. "Orides: a surpresa do ser" *in Cult*, novembro de 1999.
- BUCIOLI, C. A. B. "Entretecer e tramar uma teia poética: a poesia de Orides Fontela". São Paulo, Annablume/Fapesp, 2003, p. 32.
- CANÇADO, José Maria. "A eutanásia da biografia" *in Folha de S. Paulo*, 12 de maio de 1996.
- CASTELLO, José. "Histórias de poesia e pobreza" *in O Estado de S. Paulo*, 7 de maio de 1996.
- COSTA, Alexandre Rodrigues da. "O silêncio da esfinge" *in Zunái — revista de poesia e debates*, 2003–2005.
- CURZEL, Renata. "Encontros com Orides Fontela, 1992–1998". Hamburgo, 22–25 de abril de 2011.
- DANTAS, M. L. "Das relações entre imaginário e poesia na obra de Orides Fontela: o regime diurno da imagem". Natal, 2005. p. 161 (Tese de doutorado, UFRN, Centro de Ciências Humanas, Letras e Arte).
- _____. "Imaginário e Poesia em Orides Fontela". Natal: EdUFRN, 2011.
- DIAS, Maurício Santana. "A felicidade feroz. Aclamada por um círculo restrito, mas fiel, a escritora Orides Fontela tem lançada sua 'Poesia Reunida' " *in Folha de S. Paulo*, 07 de maio de 2005.
- FERREIRA, Letícia Raimundi. "A lírica dos símbolos em Orides Fontela". Santa Maria, ASL: Palloti, 2002.

- HAZIN, Elizabeth. "A poesia de Orides Fontela alude a um momento de contemplação em que o rela se desvela com nitidez absoluta" *in Folha de S. Paulo*, 03 de dezembro de 1988.
- HOWARD, J. "Orides Fontela: A Sketch". *In*: <http://goo.gl/RGBKWI>.
- LOPES, Rodrigo Garcia. "Obra retrabalha a mitologia da autora: artista usa elementos como pássaro, espelho, sangue e pedra para tecer linguagem própria" *in O Estado de S. Paulo*, 01 de junho de 1996.
- MAIA, Victor. "Orides Fontela e a poesia entre o ser e o nada" *in* <http://goo.gl/Q14QaH>.
- MARQUES, Ivan. "Orides: escuríssima água" *in Cult*, novembro de 1999.
- MASSI, Augusto. "Orides Fontela: *Alba*" *in Colóquio Letras*, n. 76, p. 100–101, nov. 1983.
- _____. "Uma poeta de leitores atentos" *in Folha de S. Paulo*, 9 de agosto de 1986.
- MOUTINHO, Nogueira. "Versos que soam o silêncio impudico" *in Folha de S. Paulo*, 31 de julho 1983.
- MOREIRA, Luíza Franco. "Poesia à vista! Quase desconhecida, uma autora surpreende" *in IstoÉ*, 28 de setembro de 1983.
- NASSIF, Luis. "A flor incandescente da poesia" *in Folha de S. Paulo*, 19 de maio de 2002.
- NÊUMANE, José. "Nunca se deixou seduzir pelo exercício narcísico: escritora era dotada de extraordinário engenho para a expressão verbal" *in O Estado de S. Paulo*, 26 de maio de 2000.
- ORIONE, Eduino José de Macedo. "Filosofia e poesia em Orides Fontela" *in Revista FronteiraZ*, São Paulo, PUC-SP, n. 5.
- OSAKABE, Haquira. "O Corpo da Poesia. Notas para uma fenomenologia da poesia, segundo Orides Fontela". Remate de Males, vol. 22, fac. 22, pp. 97–109, Campinas, 2002.
- QUINTILIANO, Flávio. "Poesia, sexo, destino: Orides Fontela". Entrevista do mês, conduzida por Augusto Massi, José Maria Cançado e Flávio Quintiliano. In: *Leia*, São Paulo, ano 11, n. 123, p. 23–25, jan. 1989.

- _____. "Orides Fontela resiste à sofisticação da poesia" *in O Estado de S. Paulo*, 01 de junho de 1996.
- RAMALHO, Cristina. "Poesia amadurecida à beira do abismo: a cultuada poeta Orides Fontela vive na pobreza e não sabe como será o futuro" *in Folha de S. Paulo*, 11 de maio de 1996.
- SABINO, Mario. "Voz silenciosa: Orides, a poeta maldita, lança um bom livro" *in Veja*, julho de 1996.
- SEREZA, Aroldo Ceravolo. "As poderosas palavras: TV Cultura exibe hoje, às 20 horas, espacial sobre a obra da polêmica escritora, considerada um dos grandes nomes da poesia contemporânea brasileira, que morreu em 1998" *in O Estado de S. Paulo*, 26 de maio de 2000.
- SUSSEKIND, Flora. "Uma discreta cirurgia da flor". *In: Papéis Colados*. Rio de Janeiro: EdUFRJ, 1993.
- VILLAÇA, Alcides. "O silêncio de Orides" *in Folha de S. Paulo*, 12 de julho de 1996.
- _____. "Símbolo e acontecimento na poesia de Orides". *Novos Estudos*, Cebrap, n. 34, pp. 198–214, novembro 1992.

Testamentos

MANOEL OLEGÁRIO DA COSTA
TABELIÃO

ESTADO DE SÃO PAULO

COMARCA DA CAPITAL

VALDOMIRO BISCARO DE CARVALHO
OFICIAL MAIOR

MANOEL OLEGÁRIO DA COSTA
TABELIÃO

2.º TABELIÃO DE NOTAS

Rua Rego Freitas, 56
Próximo ao Largo do Arouche

Tel.: 222-8544

2º TRASLADO DO LIVRO Nº 1.683 - FOLHAS Nº 116

ESCRITURA DE TESTAMENTO.-

S A I B A M quantos a presente escritura virem que, aos trinta e um (31) dias do mês de maio do ano de mil novecentos e noventa (1.990), nesta cidade de São Paulo, Capital do Estado do mesmo nome, no cartório a meu cargo, sito na Rua Rego Freitas nº 56, perante mim, Tabelião do 2º Cartório de Notas desta Capital e às cinco testemunhas idôneas, especialmente convocadas para este ato, adiante nomeadas, qualificadas e assinadas, compareceu como outorgante testadora, a senhora **ORIDES DE LOURDES TEIXEIRA FONTELA**, brasileira, solteira, maior, professora, portadora da cédula de identidade RG nº 2.935.281 SSP/SP e do CIC/MF nº 046.512.868-87, residente e domiciliada nesta Capital, à Rua Dr. Cezário Mota Junior nº 565 - 6º andar - apartamento 66, reconhecida como a própria de que trato pelo exame dos documentos apresentados e acima referidos, do que dou fé. Então, pela referida testadora ORIDES DE LOURDES TEIXEIRA FONTELA, que se acha no pleno gozo de suas faculdades mentais e inteiramente livre de coação, induzimento ou sugestão, segundo o meu parecer e o das aludidas testemunhas, me foi dito no idioma nacional e de modo a ser por todos ouvido que, pela presente escritura, vem fazer, como efetivamente faz, o seu testamento e disposições de última vontade, pela forma seguinte e declarou: 1º)- que, é natural da cidade de João da Boa Vista, deste Estado de São Paulo, onde nasceu aos vinte e quatro (24) dias do mês de abril do ano de mil novecentos e quarenta (1.940), sendo filha do Senhor Alvaro Fontela de Dona Laurinda Teixeira Fontela, ambos já falecidos; 2º)- que, não tendo descendente algum e nem ascendentes vivos, podendo, portanto, dispor livremente de seus bens, quer e determina que, quando ocorrer o seu falecimento, todos os seus bens móveis e imóveis, inclusive direitos sobre linhas telefônicas e direitos autorais de sua obra, fiquem pertencendo exclusivamente para o professor **ANTONIO CANDIDO DE MELLO E SOUZA**, brasileiro, casado, domiciliado e residente nesta Capital, na Rua Briaxis nº 11 - Vila Olimpia, que deverá ficar constituído seu único e universal herdeiro; que, se e quando ela testadora falecer o referido Antonio Candido de Mello e Souza não for mais vivo, o legado a ele feito deverá ficar pertencendo aos herdeiros do mesmo legatário e com as mesmas obrigações impostas; 3º)- que, ela testadora determina ainda que o legatário que receber seus bens deverá ter o encargo de providenciar a publicação de nova edição de sua obra **TREVO - POESIAS REUNIDAS**, e, ainda mandar publicar suas obras escritas posteriormente a esta data, se houver; 4º)- que nomeia seu testamenteiro, o seu referido legatário, dando-o por abonado e por idôneo em juízo e fora dele; 5º)- que, revoga integralmente todo e qualquer outro testamento anteriormente feito, muito especialmente o lavrado em 30 de outubro de 1.989, nestas notas, no livro nº 1.664, folhas 237, para que somente este, agora feito, tenha validade; 6º)- que, finalmente, nada mais tendo a declarar ou dispor, dá por feito este seu testamento, rogando à Justiça Brasileira que lhe dê inteiro cumprimento, tal como no presente instrumento público se contém, pois é a expressão de sua última vontade. De como assim disse a testadora, ORIDES DE LOURDES TEIXEIRA FONTELA, perante as testemunhas, dou fé. A pedido da testadora, lavrei a presente escritura e porto por fé terem sido nela observadas e praticadas as necessárias formalidades legais, que são as constantes do artigo 1.632 do Código Civil Brasileiro e adiante especificadas a saber: que, este público testamento foi, ininterruptamente escrito neste meu livro de notas por mim Tabelião, de conformidade com ás declarações a mim feitas, de viva voz, em idioma nacional, pela testadora perante ás cinco testemunhas; que, depois de terminado e sempre perante as mesmas testemunhas, foi este testamento lido por mim Tabelião, em voz alta e clara a testadora, que tudo achou conforme, outorgou, aceitou e a seguir o assina comigo e com as mesmas testemunhas que sempre reunidas estiveram presentes de princípio a fim, tudo viram, ouviram e acharam conforme, dou fé e são ás seguintes: GISELLE OLEGÁRIO DA COSTA, brasileira, solteira, estudante universitária, portadora da cédula de identidade RG 12.333.328 SSP/SP, residente na rua Embaré nº 77; ANTONIO CESAR LIMA ROCHA, brasileiro, casado, auxiliar da Jusitça, portador da cédula identidade Rg nº 9.764.332 SSP/SP, residente na rua Leoberto Leal nº — casa 1; REJANE ANDREA LUIZ GOULART, brasileira, casada, datilograf portadora da cedula de identidade RG nº 23.087.463 SSP/SP, residente rua Rego Freitas nº 34 – apartamento nº 14; EGLANTINA PINTO DE SOU NOGUEIRA, brasileira, solteira, advogada, portadora da cedula identidade RG nº 1.794.065, residente na Avenida Duque de Caxias nº 1 – apartamento nº 2; e, ESTEVÃO JOSÉ BAGNHUK, brasileiro, solteir maior, escrevente, portador da cédula de identidade RG nº 14.193.0 SSP/SP, residente na rua Bruxelas nº 18, todas residentes domiciliadas nesta Capital e reconhecidas pelas próprias de que tra pelo exame dos respectivos documentos, do que dou fé. Eu, **MANO OLEGÁRIO DA COSTA,** Tabelião, a escrevi e assino em público e raso. testemunho (sinal público) da verdade. (a.a.) ORIDES DE LOURD TEIXEIRA FONTELA /// GISELLE OLEGARIO DA COSTA /// ANTONIO CESAR LI DA ROCHA /// REJANE ANDREA LUIZ GOULART /// EGLANTINA PINTO DE SOU NOGUEIRA /// ESTEVãO JOSé BAGNHUK ///. TRASLADADA NA DATA RETR Eu, **MANOEL OLEGáRIO DA COSTA,** Tabelião, a digitei, conferi e assino.

EM TESTEMUNHO DA VERDADE

MANOEL OLEGáRIO DA COSTA
Tabelião

EMOLUMENTOS DEVIDOS
Ao Serventuário....CR$ 14,00.-
Ao Estado..........CR$ 3,78.-
Ao IPESP...........CR$ 2,80.-
A.P.M..............CR$ 0,14.-

Total..............CR$ 20,72.-

ESTADO DE SÃO PAULO

COMARCA DA CAPITAL

2.º TABELIÃO DE NOTAS

MANOEL OLEGÁRIO DA COSTA
TABELIÃO

VALDOMIRO BISCARO DE CARVALHO
OFICIAL MAIOR

MANOEL OLEGÁRIO DA COSTA
TABELIÃO

Rua Rego Freitas, 56
Próximo ao Largo do Arouche
Tel.: 222-8644

1º TRASLADO DO LIVRO Nº 1.711 - FOLHAS Nº 034.
ESCRITURA REVOGAÇÃO DE TESTAMENTO.

SAIBAM quantos a presente escritura virem que, aos quatorze (14) dias do mes de outubro do ano de mil novecentos e noventa e um (1991), nesta cidade de São Paulo, Capital do Estado do mesmo nome, República Federativa do Brasil, no cartório a meu cargo, sito na rua Rego Freitas nº 56, perante mim, Tabelião do 2º Cartório de Notas desta Capital e ás cinco testemunhas idôneas, especialmente convocadas para este ato, adiante nomeadas, qualificadas e assinadas, compareceu como outorgante testadora, **ORIDES DE LOURDES TEIXEIRA FONTELA**, brasileira, solteira, maior, professora, portadora da cédula de identidade expedida pela Polícia de São Paulo, RG nº 2.935.281 e do CIC/MF nº 046.512.868-87, residente e domiciliado nesta Capital, na rua Dr. Cezário Mota Junior nº 565 - 6º andar - apartamento nº 66, reconhecida como a própria de que trato pelo exame dos documentos apresentados e acima referidos, do que dou fé. Então, pela referida testadora ORIDES DE LOURDES TEIXEIRA FONTELA, que se acha no pleno gozo de suas faculdades mentais e inteiramente livre de coação, induzimento ou sugestão, segundo o meu parecer e o das aludidas testemunhas, me foi dito no idioma nacional e de modo a ser por todos ouvido que, pela presente escritura e na melhor forma de direito revoga, como de fato e na verdade revogado tem, todos e quaisquer testamentos anteriormente feitos, muito especialmente o lavrado nestas notas em data de 31 de maio de 1.990, no livro nº 1.683, folhas nº 116; que, essa revogação feita com todas as formalidades do testamento vale como disposição de sua última vontade; finalmente que, nada mais tendo a declarar ou dispor, dá por feito esta disposição, rogando a Justiça deste pais, lhe de inteiro cumprimento. De como assim disse a testadora **ORIDES DE LOURDES TEIXEIRA FONTELA**, perante as testemunhas, dou fé. A pedido da testadora, lavrei a presente escritura e porto por fé, terem sido nela observadas e praticadas ás necessárias formalidades legais que são ás constantes do artigo 1.632 do Código Civil Brasileiro e adiante especificadas a saber: que, esta pública escritura de revogação de testamento foi, ininterruptamente escrita neste meu livro de notas por mim, Tabelião, de conformidade com as declarações a mim feitas, de viva voz, em idioma nacional, pela testadora perante as cinco testemunhas; que, depois de terminada e sempre perante as referidas testemunhas, foi esta escritura lida por mim, Tabelião, em voz alta e clara a testadora, que tudo achou conforme, outorgou, aceitou e a seguir a assina comigo e com as mesmas testemunhas que sempre reunidas estiveram presentes de princípio a fim, tudo viram, ouviram e acharam conforme, dou fé e são os seguintes: EGLANTINA PINTO DE SOUZA NOGUEIRA, brasileira, solteira, advogada, portadora da cédula de identidade RG nº 1.794.065 SSP/SP, residente na Av. Duque de Caxias nº 176 - apartamento 2; REJANE ANDREA LUIZ GOULART, brasileira, casada, datilógrafa, portadora da cédula de identidade RG nº 23.087.463 SSP/SP, residente na Rua Ana Clélia Rodrigues nº 59 - Vila Izabel; ESTEVÃO JOSé BAGNHUK, brasileiro, solteiro, escrevente, portador da cédula de identidade RG nº 14.193.085 SSP/SP, residente na Rua Bruxelas nº 18; PRISCILLA FERREIRA, brasileira, solteira, estudante, portadora da cédula de identidade RG nº 21.915.869 SSP/SP, residente na Rua Helvétia nº 737 - apartamento 1; e, GERSON FRANCISCO OLEGáRIO DA COSTA, brasileiro, casado, escrevente, portador da cédula de identidade RG nº 10.241.383 SSP/SP, residente Alameda dos Guatas nº 983; todas residentes e domiciliadas nesta Capital, com exceção da segunda, residente e domiciliada em Sasco e reconhecidas pelas próprias de que trato pelo exame dos respectivos documentos, do que dou fé. Eu, **MANOEL OLEGÁRIO DA COSTA**, Tabelião, a escrevi e assino em público e raso. Em testemunho (sinal público) da verdade. (a.a.) ORIDES DE LOURDES TEIXEIRA FONTELA /// EGLANTINA PINTO DE SOUZA NOGUEIRA /// REJANE ANDREA LUIZ GOULART /// ESTEVÃO JOSÉ BAGNHUK /// PRISCILLA FERREIRA /// GERSON FRANCISCO

OLEGÁRIO DA COSTA ///, TRASLADADA NA DATA RETRO. Eu, **MANOEL OLEGÁRIO**
COSTA, Tabelião, a digitei, conferi e assino.
EM TESTEMUNHO DA VERDADE

MANOEL OLEGÁRIO DA COSTA
Tabelião

EMOLUMENTOS DEVIDOS
Ao Serventuário... Cr$ 1.318,58
Ao Estado......... Cr$ 356,02
Ao IPESP.......... Cr$ 263,72
A A.P.M........... Cr$ 13,19

Total............. Cr$ 1.951,51

DECLARAÇÃO

ORIDES DE LOURDES TEIXEIRA FONTELA, brasileira, solteira, professora, portadora da cédula de identidade RG nº 2.935.281 SP/SP e do CIC/MF nº 046.512.868-87, residente e domiciliada nesta capital, à Rua Dr. Cezário Mota Junior nº 565 - 6º andar - apartamento nº 66, **DECLARA**, por força e para fins do disposto na Lei Federal nº 6.015, de 31 de dezembro de 1.973, e Municipal nº 7.017, de 19 de abril de 1.967, e para todos os demais fins de DIREITO, para que surtam os efeitos legais, como disposição de última vontade, que meus restos mortais sejam cremados e as cinzas resultantes sejam jogadas fora.

São Paulo, 30 de outubro de 1.989.

ORIDES DE LOURDES TEIXEIRA FONTELA

TESTEMUNHAS:
NOME: GISELLE OLEGÁRIO DA COSTA.
RESIDÊNCIA: Rua Embaré nº 77 - Saude.
R.G. Nº 12.333.328 SSP/SP
Assinatura

NOME: FRANCISCO FERRER MOLINA.
RESIDÊNCIA: Rua Goiatá nº 897 - Itaquera.
R.G. Nº 13.124.696 SSP/SP
Assinatura

NOME: MIGUEL FERNANDES.
RESIDÊNCIA: Rua Marquez de Lages nº 1.532 - Bloco 19 apº 41.
R.G. Nº 6.315.112 SSP/SP
Assinatura

OBS:- 1)- Reconhecer a firma do declarante.
2)- Haverá necessidade de autorização do parente mais próximo junto com a entrega desta declaração para a cremação.
3)- Telefone do crematório: 273-8937.
Telefone da agência central do serviço funerário: 257-0944.

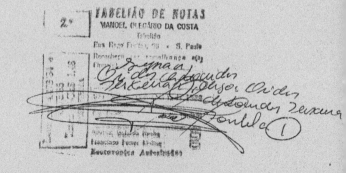

REPÚBLICA FEDERATIVA DO BRASI

Estado de São Paulo - Campos do Jordão

Distrito da Sede - Registro Civil

José Eduardo Rachid
Oficial

Rua Brigadeiro Jordão nº 516 - V. Abernéssia - Tel: (012) 262-1374 - CEP 12.460-000 - Campos do Jordão - SP

CERTIDÃO DE OBITO Nº 23946

Certifico que na folha 238v, do livro nº C-31 de REGISTRO DE OBITOS, foi lavrado o assento de:

ORIDES DE LOURDES TEIXEIRA FONTELA

falecida a 2 de novembro de 1998, às 06:00 horas, n/distrito-SP, no Sanatório São Paulo, de sexo feminino, profissão Aposentada, natural de São João da Boa Vista, Estado de São Paulo, domiciliada e residente em São Paulo-SP, à Av. São João nº2044 - Centro, com cinquenta e oito anos de idade, estado civil solteira filha de ALVARO FONTELA e de LAURINDA TEIXEIRA FONTELA.

Foi declarante RENATA CURZEL, óbito firmado pelo(a) Dr(a). JOSÉ ANTONIO PADOVAN - CRM:6.568, que deu como causa da morte INSUFICIÊNCIA CARDIO PULMONAR, TUBERCULOSE PULMONAR.

O sepultamento foi no Cemitério Municipal de Campos do Jordão-SP.

Observações: A falecida portava Cédula de Identidade Rgnº2.935.281-SSP/SP, os demais qualificativos são ignorados.

: vide verso.

Assento lavrado em 3 de novembro de 1998.

O referido é verdade e dou fé

Campos do Jordão, 26 de junho de 2000

José Eduardo Rachid
Oficial Designado

Reconheço a firma ao lado de:
José Eduardo Rachid
Campos do Jordão, 26 de junho de 2000
Em testemunho SC da verdade.

Sara Cristiane dos Santos
Escrevente Designada
"Válido somente com o SELO DE AUTENTICIDADE"

Valor Recebido
Certidão....R$ 11,16
Rec. Firma..R$ 1,69
Total.......R$ 12,85

14.º TABELIÃO DE NOTAS - VAMPRÉ
ANA PAULA DE MELO PRADO
ESCREVENTE AUTORIZADA
São Paulo - Capital

AUTENTICAÇÃO
Esta cópia, expedida pelo cartório confere com o original, dou fé

24 JUN 2000

☐ Albert Santiago
☐ Rosana de Cassia Ferreira
☐ Angélica Nascimento Medeiros da Silva
☐ Francisco Barreto Filho   ☐ Antonio Cé Neto
☐ Ana Paula de Melo Prado   ☐ Márcia Silva Lara
CADA AUTENTICAÇÃO R$ 0,91

TD 237511

Sobre poesia e filosofia
— um depoimento

Sobre poesia e filosofia - um depoimento

"Alta agonia é ser, difícil prova"

é o primeiro verso de um soneto meu, escrito aos 23 anos - um soneto muito importante para mim, pois é uma espécie de programa de vida, que não renego nunca e nem jamais conseguirei cumprir, porém é minha tarefa tentar. Difícil prova sim, impossível aliás "passar" nela, mas o normal é tentar o impossível, pois isso constitue propriamente o humano. E, claro, todas as ferramentas servem, principalmente a religião (sobre o aspecto místico), a poesia - intuições básicas e.. musicais, que tive de nascença - e a bem mais recente, a filosofia. Deixando a religião de lado (mas fica lá, por baixo), falemos só de poesia e filosofia.

Arcaica como o verbo é a poesia, velha como o cântico. A poesia, como o mito, tambem pensa e interpreta o ser, só que não é pensamento puro, lúcido. Acolhe o irracional, o sonho, inventa e inaugura os campos do real, canta. Pode ser lúcida, si, pode pensar _ é um logos _ mas não se restringe a isso. Não importa: poesia não é loucura nem ficção, mas sim um instrumento altamente válido para apreender o real - ou pelo menos meu ideal de poesia é isso. Depois é que surge o esforço para a objetividade e a lucidez, a filosofia. Fruto da maturidade humana, emerge lentamente da poesia e do mito, e inda guarda as marcas de co-nascença, as pegadas vitais da intuição poética. Pois ninguem chegou a ser cem por cento lúcido e objetivo, nunca. Seria inumano, seria loucura e esterilidade. Bem, aí já temos uma diferença básica entre poesia e filosofia - a idade, a técnica, não o escopo. Pois a finalidade de entender o real é sempre a mesma, é "alta agonia" e "difícil prova" que devemos tentar para realizar nossa humanidade.. Isso é o que temos a dizer, inicialmente, sobre sobre filosofia e poesia.

Bem, fazer poesia fiz sempre, e,curiosa sempre fui. "Que bicho é esse?" era minha pergunte de aluninha. "Ti esti, que é, pergunta o filósofo. É pergunta igual... Aos dezesseia anos fiz os seguintes versos:

"Pensar dói
e não adianta nada".

Maus versos, mas intuição válida. Pensar dói mesmo, faz cócegas, pode ser tão irreprimível como a curiosidade da aluninha. E de que adianta? Bem, o caso é que eu não engulia, nem engulo, respostas já prontas, quero ir lá eu mesma, tentar. Tentava pela poesia. Ora, uma intuição básica de minha poesia é o "estar aqui" - auto-descoberta e descoberta de tudo, xpxskixxxixa problematizando tudo ao mesmo tempo. Só que este "estar aqui" é, tambem, estar "a um passo" - de meu espírito, do pássaro, de Deus - e este um passo é o "impossível" com que luto. É o paradoxo que exprimo num poemeto

"Proxima: mas ainda
estrela
muito mais estrela
que próxima."

Ora, esta posição existencial básica de meus poemas já é filosófica, isto é, seria possível desenvolvê-la em filosofia, e daí veio meu interesse pela filosofia propriamente dita. Eu vivia a intuição quase inefável de estar só a um passo, que bastava erguer um só véu. Mocidade! E aí entra na minha vida a filosofia explícita. Entrou em aulas da Escola Normal, entrou pelos livros que procurei conseguir (Pascal, Gilson, Maritain, e até alguns não tão ortodoxos), e misturou-se a um interesse pela mística - Huxley, Sta. Tereza, São João da Cruz. Salada de que resultou meu livro "Transposição", muito "abstrato" e "pensado" - no sentido poético de tais termos. Girava em torno do problema do ser e da lucidez, e abusava do termo "luz" Um livro estranho, que só recentemente percebi como estava na contramão da poesia brasileira, sensual e sentimental. Parecia até meio cabraliano devido a um vezo analítico, mas nunca foi, claro. Era um livro escrito no interior, tramado pelas tendências já levantadas, e onde já poesia e filosofia tentavam se irmanar, como possível.

Não preciso explicar, agora, porque me interessei por filosofia era quase inato, como a poesia. Assim, agarrei a oportunidade de fazer realmente filosofia. Talvez desse em algo prático (não deu), mas o que me interessava era, acreditem ou não, a Verdade. Ingenuidade? Hoje sei que era, mas era a própria ingenuidade da poeta, era ingenuidade no mais alto sentido do termo, ingenuidade nobre sem a qual ão se cria. E lá parti eu para tentar a filosofia, continuando com a poesia, naturalmente. E o curioso é que estas águas não se mesclaram mais do que já estavam, senão a poesia poderia se tornar sêca e não espontânea. Mas dei a sorte (!) de não me tornar filósofa... Aliás o mais que conseguiria seria ser uma professora de filosofia, isto é, uma técnica no assunto - e, bom, não era essa a finalidade. Nem dava: faltava base econômica e cultural. Pobre e vindo apenas do Normal só consegui terminar o curso. Mas me diverti muito.

Não, concluí, a filosofia propriamente dita não é exatamente meu caminho, aliás nem mesmo me considero intelectual, só poeta, e ponto. Melhor criar que comentar. A filosofia não me deu a resposta, a poesia só dá intuições, a estrela próxima está cada vez mais longe, mas continue-se a escrever...

Se fiquei insatisfeita com a filosofia explícita, isso não significa que foi inútil. Deu uma base cultural que eu não tinha, alargou meu mundo. E me deu o status de "filósofa", universitária. É mais ou menos mito, mas mitos são excelentes para promover livros, nem.

A Poesia foi indo, como deu. Preocupou-se com a forma, a técnica - Helianto, do tempo da faculdade - e chegou à meta-poesia - "Alba". Depois tentei voltar, tornar o papo mais concreto - "Rosácea", "Teia". Mais próxima ao cotidiano, mais sofrida, é como ela está, e eu tambem. Consequências da pobreza, do envelhecimento, das mágoas. Lamento ter perdido a passada ingenuidade (e imunidade) mas não creio que mudei de pele, não é possível. O futuro é propriamente falando o imprevisível - e não sei onde a pesquiza poética e o pensamento selvagem me levarão. E inda acrescentei a minha salada zen-budismo - com bons resultados, aliás - e agora procuro outros "ingredientes", se possível. Não estar satisfeita é bem humano.
O soneto a que me referi no princípio fala em

" despir os sortilégios, brumas, mitos"

e taí uma tarefa bem filosófica, se a filosofia fosse só consciência crítica e lucidez, se não alimentasse tambem brumas e mitos próprios. Sem o que estaríamos tão nus que morreríamos, ou quem sabe - trammutavamo-nos -. Persigo a

"aguda trama
da meta
morfose"

e, para isso, poesia, filosofia, zen e o mais que vier, tudo serve - ruma ao não-dito, ao nunca dito, ao inexprimível.

Noutro poema, digo

"Amor

cegueira exata."

e, entendendo-se 'amor' como a energia criativa primordial, então o
saber poético se dá como uma 'cegueira exata': intuição, pensamento
selvagem. A poesia, claro, não apresenta provas: isto é tarefa para
a filosofia. Mas os filósofos - os criativos mesmo - também partem
de intuições, e é a poesia que dá o que pensar. Que dizer dos incitantes fragmentos de Heráclito? Mistério religioso? Filosofia? Poesia? Tudo junto! E de Platão, aliás também poeta? E de Heidegger -
que confesso ter lido como poesia - que, afinal, acaba no poético,
por tentar algo indizível? Há muita poesia na filosofia, sim. Não
poesia didática - como a dos pré-socráticos - mas poesia como fonte,
que incita e embriaga. E da filosofia na poesia já falamos, só que
é "filosofia" que se ignora, que canta - que dá nervo aos poemas e
tenta entrar onde o raciocínio não chega.

Filósofos podem servir de exemplo aos poetas, como digo

~~"Platão"~~ "Sócrates

fiel ao seu daimon"

pois, como os poetas, Sócrates era inspirado - e era fiel a sua
inspiração. Só isso cabe ao poeta: ser fiel a voz interior, sem
forçar, sem filosofar explícitamente. Deixar que, naturalmente,
filosofia e poesia se interpenetrem, convivam, colaborem.
Nasceram juntas, sob a forma de mito, e juntas sempre sempre
colaboram para criar e renovar a nossa própria humanidade.

3-5-97

Poemas — originais

Guardo no peito
uma amizade:
~~resiste aos raios~~
é firme, funda,
resiste aos raios,
dádiva e graça,
alta verdade.

Gyerda

O aberto
vive

chaga e/ou
estrela
é
eterno.

O aberto
brilha

destrói muros
amor intenso
e livre.

~~Estexmamraya~~

Este momrnto: arisco

alimenta-me mas
foge

e inaugura o aberto
do tempo.

xxxxxxxx

Que vem
depois?
o
depois,

O que é
certo?
o mais
incerto

o indefinido o
aberto.

Aventura

Sus
pense entre o
chão
e o signo

névoa o
agora
e o próximo pas
so in
certo

ser – horizonte
Perpétuamente em
aberto.

Lápide

Resta uma
sombra
sossôbro

a memória sem
porque

resta um
ôvo
ôco
talvez lenda

pobre nome
vazio.

O aguadeiro

Derramar um
cântaro

um
canto

deixar fluir
o novís
simo
encanto.

Cores

Equilibrar-se em
vermelho.

Evitar o rosa.

Despetalar o amarelo.

Transcender-se em
violeta.

Colher algum azul
se possível.
  xxx

Auto-imagem

Por ser cego e
irrefletido
meu espelho disse
a verdade:

quebrei-o.

Sete anos
sete anos
sete anos de
enganos!
  xxx

A atenção não
cria: cuida.

Deixa florescer
o instante
e transparecer
o núcleo.
  xxx

~~Abertura~~
~~Suxxxxx~~
~~Perxxxxxxxeo~~

Este momento: arisco

alimenta-me mas
foge

 e inaugura o aberto
do tempo.

  xxxxxx

Teologia II

Deus existir
ou não: o mesmo
escândalo.

Só é paraíso
ontem
porém amanhã
tem circo.

   II
Paz?
no futuro.
Glória?
no passado.

   III
Haverá paraíso
Se não há
nenhuma estrela aqui
agora?

   xxxxxx — Lápide
Resta uma
sombra
sossobro

a memória sem
porque

resta um
ôvo
ôco
talvez lenda

pobre nome
vazio.

III

Nunca há paraíso

aqui e

agora

— meç a manhã Francisco!
Francisco!

Que fazer do
raro
pássaro

protegê-lo com meu
sangue
integrá-lo no meu
tempo?

Ah como é livre.

Que fazer do
raro
pássaro

liberá-lo no
infinito
no azul friamente
ingrato?

Ah como é frágil.

Frágil leve
livre.

O que
fazer:

   soltá-lo
   engaiolá-lo
   comê-lo?
     XXXXXXX

    um gato
    egrégio augusto
    um gato
    tenso
      soleníssimo gato

    um gato
    tocaiando o silêncio.

Sono. Bocejos. Tédio...

E
no entanto
nosso século fez
tudo
pra merecer – demais –
o Apocalipse'.

xxxxxxx

Lago

Espêlho anterior
aos olhos
fonte sem nenhuma
imagem

água infinita da
infância.

xxxxxxx

Um pássaro
é pássaro
em vôo

um pássaro
vive
no vôo

um pássaro
vale
se vôa

um pássaro
vôa
vôa.

Tarde

A tarde o
vinho
nada esclarece
e mais tarde não há
lua.

A tarde os espelhos
sangram
nada se profetiza
e é certo: não haverá
lua.

(A tarde
  já é muito, muito
  tarde.)

    xxx

Manhã. Um pássaro
canta
e não entende
o que canta

no canto
o pássaro
vive

sem compreender
que canta.
    xxx

Um burrinho
rumina

emburradíssimo

burro! Burrinho
burramente
inocente.

Utopia

I

Poema: casa
ao contrário

o exato in
verso
do abrigo.

II
Avisos. Perigos. Fugas-
Alta tensão nas
                torres.

III
Poema: abrigo
im
possível

casa jamais
habitada.

xxxxxxx

Aventura

Sus
pense entre
o chão e o
signo

névoa o
agora
e o próximo pas
so in
certo

ser - horizonte -
continua
mente em
aberto.

Vento

um vento
brusco
sacudiu palmas
varreu a
vida

um
vento
 elidiu as
 manchas.
 da vida.   1.1.96

      xxxxxxxxxx
       Ovo
        o
        ôvo
      em silêncio
        trabalha
        espera
         xxxx   trans
                muda-se

          o
          ovo
         silêncio
          vivo
          o
          ôvo
          vibra
         preparando
           o
           vôo.

COLEÇÃO HEDRA

1. *Iracema*, Alencar
2. *Don Juan*, Molière
3. *Contos indianos*, Mallarmé
4. *Auto da barca do Inferno*, Gil Vicente
5. *Poemas completos de Alberto Caeiro*, Pessoa
6. *Triunfos*, Petrarca
7. *A cidade e as serras*, Eça
8. *O retrato de Dorian Gray*, Wilde
9. *A história trágica do Doutor Fausto*, Marlowe
10. *Os sofrimentos do jovem Werther*, Goethe
11. *Dos novos sistemas na arte*, Maliévitch
12. *Mensagem*, Pessoa
13. *Metamorfoses*, Ovídio
14. *Micromegas e outros contos*, Voltaire
15. *O sobrinho de Rameau*, Diderot
16. *Carta sobre a tolerância*, Locke
17. *Discursos ímpios*, Sade
18. *O príncipe*, Maquiavel
19. *Dao De Jing*, Lao Zi
20. *O fim do ciúme e outros contos*, Proust
21. *Pequenos poemas em prosa*, Baudelaire
22. *Fé e saber*, Hegel
23. *Joana d'Arc*, Michelet
24. *Livro dos mandamentos: 248 preceitos positivos*, Maimônides
25. *O indivíduo, a sociedade e o Estado, e outros ensaios*, Emma Goldman
26. *Eu acuso!*, Zola | *O processo do capitão Dreyfus*, Rui Barbosa
27. *Apologia de Galileu*, Campanella
28. *Sobre verdade e mentira*, Nietzsche
29. *O princípio anarquista e outros ensaios*, Kropotkin
30. *Os sovietes traídos pelos bolcheviques*, Rocker
31. *Poemas*, Byron
32. *Sonetos*, Shakespeare
33. *A vida é sonho*, Calderón
34. *Escritos revolucionários*, Malatesta
35. *Sagas*, Strindberg
36. *O mundo ou tratado da luz*, Descartes
37. *O Ateneu*, Raul Pompeia
38. *Fábula de Polifemo e Galateia e outros poemas*, Góngora
39. *A Vênus das peles*, Sacher-Masoch — edição de bolso
40. *Escritos sobre arte*, Baudelaire
41. *Cântico dos cânticos*, [Salomão]
42. *Americanismo e fordismo*, Gramsci
43. *O princípio do Estado e outros ensaios*, Bakunin
44. *O gato preto e outros contos*, Poe
45. *História da província Santa Cruz*, Gandavo
46. *Balada dos enforcados e outros poemas*, Villon
47. *Sátiras, fábulas, aforismos e profecias*, Da Vinci
48. *O cego e outros contos*, D.H. Lawrence
49. *Rashômon e outros contos*, Akutagawa
50. *História da anarquia (vol. 1)*, Max Nettlau
51. *Imitação de Cristo*, Tomás de Kempis
52. *O casamento do Céu e do Inferno*, Blake

53. *Cartas a favor da escravidão*, Alencar
54. *Utopia Brasil*, Darcy Ribeiro
55. *Flossie, a Vênus de quinze anos*, [Swinburne] — edição de bolso
56. *Teleny, ou o reverso da medalha*, [Oscar Wilde] — edição de bolso
57. *A filosofia na era trágica dos gregos*, Nietzsche
58. *No coração das trevas*, Conrad
59. *Viagem sentimental*, Sterne
60. *Arcana Cœlestia* e *Apocalipsis revelata*, Swedenborg
61. *Saga dos Volsungos*, Anônimo do séc. XIII
62. *Um anarquista e outros contos*, Conrad
63. *A monadologia e outros textos*, Leibniz
64. *Cultura estética e liberdade*, Schiller
65. *A pele do lobo e outras peças*, Artur Azevedo
66. *Poesia basca: das origens à Guerra Civil*
67. *Poesia catalã: das origens à Guerra Civil*
68. *Poesia espanhola: das origens à Guerra Civil*
69. *Poesia galega: das origens à Guerra Civil*
70. *O chamado de Cthulhu e outros contos*, H.P. Lovecraft
71. *O pequeno Zacarias, chamado Cinábrio*, E.T.A. Hoffmann
72. *Tratados da terra e gente do Brasil*, Fernão Cardim
73. *Entre camponeses*, Malatesta
74. *O Rabi de Bacherach*, Heine
75. *Bom Crioulo*, Adolfo Caminha
76. *Um gato indiscreto e outros contos*, Saki
77. *Viagem em volta do meu quarto*, Xavier de Maistre
78. *Hawthorne e seus musgos*, Melville
79. *A metamorfose*, Kafka
80. *Ode ao Vento Oeste e outros poemas*, Shelley
81. *Oração aos moços*, Rui Barbosa
82. *Feitiço de amor e outros contos*, Ludwig Tieck
83. *O corno de si próprio e outros contos*, Sade
84. *Investigação sobre o entendimento humano*, Hume
85. *Sobre os sonhos e outros diálogos*, Borges | Osvaldo Ferrari
86. *Sobre a filosofia e outros diálogos*, Borges | Osvaldo Ferrari
87. *Sobre a amizade e outros diálogos*, Borges | Osvaldo Ferrari
88. *A voz dos botequins e outros poemas*, Verlaine
89. *Gente de Hemsö*, Strindberg
90. *Senhorita Júlia e outras peças*, Strindberg
91. *Correspondência*, Goethe | Schiller
92. *Índice das coisas mais notáveis*, Vieira
93. *Tratado descritivo do Brasil em 1587*, Gabriel Soares de Sousa
94. *Poemas da cabana montanhesa*, Saigyō
95. *Autobiografia de uma pulga*, [Stanislas de Rhodes]
96. *A volta do parafuso*, Henry James
97. *Ode sobre a melancolia e outros poemas*, Keats
98. *Teatro de êxtase*, Pessoa
99. *Carmilla — A vampira de Karnstein*, Sheridan Le Fanu
100. *Pensamento político de Maquiavel*, Fichte
101. *Inferno*, Strindberg
102. *Contos clássicos de vampiro*, Byron, Stoker e outros
103. *O primeiro Hamlet*, Shakespeare
104. *Noites egípcias e outros contos*, Púchkin
105. *A carteira de meu tio*, Macedo
106. *O desertor*, Silva Alvarenga
107. *Jerusalém*, Blake

108. *As bacantes*, Eurípides
109. *Emília Galotti*, Lessing
110. *Contos húngaros*, Kosztolányi, Karinthy, Csáth e Krúdy
111. *A sombra de Innsmouth*, H.P. Lovecraft
112. *Viagem aos Estados Unidos*, Tocqueville
113. *Émile e Sophie ou os solitários*, Rousseau
114. *Manifesto comunista*, Marx e Engels
115. *A fábrica de robôs*, Karel Tchápek
116. *Sobre a filosofia e seu método — Parerga e paralipomena (v. II, t. I)*, Schopenhauer
117. *O novo Epicuro: as delícias do sexo*, Edward Sellon
118. *Revolução e liberdade: cartas de 1845 a 1875*, Bakunin
119. *Sobre a liberdade*, Mill
120. *A velha Izerguil e outros contos*, Górki
121. *Pequeno-burgueses*, Górki
122. *Um sussurro nas trevas*, H.P. Lovecraft
123. *Primeiro livro dos Amores*, Ovídio
124. *Educação e sociologia*, Durkheim
125. *Elixir do pajé — poemas de humor, sátira e escatologia*, Bernardo Guimarães
126. *A nostálgica e outros contos*, Papadiamántis
127. *Lisístrata*, Aristófanes
128. *A cruzada das crianças/ Vidas imaginárias*, Marcel Schwob
129. *O livro de Monelle*, Marcel Schwob
130. *A última folha e outros contos*, O. Henry
131. *Romanceiro cigano*, Lorca
132. *Sobre o riso e a loucura*, [Hipócrates]
133. *Hino a Afrodite e outros poemas*, Safo de Lesbos
134. *Anarquia pela educação*, Élisée Reclus
135. *Ernestine ou o nascimento do amor*, Stendhal
136. *A cor que caiu do espaço*, H.P. Lovecraft
137. *Odisseia*, Homero
138. *O estranho caso do Dr. Jekyll e Mr. Hyde*, Stevenson
139. *História da anarquia (vol. 2)*, Max Nettlau
140. *Eu*, Augusto dos Anjos
141. *Farsa de Inês Pereira*, Gil Vicente
142. *Sobre a ética — Parerga e paralipomena (v. II, t. II)*, Schopenhauer
143. *Contos de amor, de loucura e de morte*, Horacio Quiroga
144. *Memórias do subsolo*, Dostoiévski
145. *A arte da guerra*, Maquiavel
146. *O cortiço*, Aluísio Azevedo
147. *Elogio da loucura*, Erasmo de Rotterdam
148. *Oliver Twist*, Dickens
149. *O ladrão honesto e outros contos*, Dostoiévski
150. *Cadernos: Esperança do mundo*, Albert Camus
151. *Cadernos: A desmedida na medida*, Albert Camus
152. *Cadernos: A guerra começou...*, Albert Camus
153. *Escritos sobre literatura*, Sigmund Freud
154. *O destino do erudito*, Fichte
155. *Diários de Adão e Eva*, Mark Twain
156. *Universidade, cidade e cidadania*, Franklin Leopoldo e Silva
157. *Tudo que eu pensei mas não falei na noite passada*, Anna P.
158. *A Vênus de quinze anos (Flossie)*, [Swinburne]
159. *O outro lado da moeda (Teleny)*, [Oscar Wilde]

160. *A demanda do Santo Graal — o manuscrito de Heidelberg*
161. *A vida de H.P. Lovecraft*, S.T. Joshi
162. *Os melhores contos de H.P. Lovecraft*
163. *Obras escolhidas*, Mikhail Bakunin
164. *1964: do golpe à democracia*, Angela Alonso e Miriam Dolhnikoff (org.)
165. *Dicionário de mitologia nórdica*, Johnni Langer (org.)
166. *Poesia vaginal — Cem sonnettos sacanas*, Glauco Mattoso
167. *A Vênus das peles*, Sacher-Masoch
168. *Perversão — A forma erótica do ódio*, Robert J. Stoller
169. *Os russos — Púchkin, Gógol, Dostoiévski, Tolstói, Tchekhov, Górki*, Luis Dolhnikoff (org.)
170. *O quarto poder: uma outra história*, Paulo Henrique Amorim
171. *A autobiografia do poeta-escravo*, Juan Francisco Manzano
172. *Os franceses — Voltaire, Rousseau, Maistre, Stendhal, Balzac, Baudelaire, Mallarmé, Maupassant, Proust*, Luis Dolhnikoff (org.)
173. *Os americanos — Hawthorne, Poe, Melville, Twain, H. James, O. Henry, London, Fitzgerald*, Luis Dolhnikoff (org.)
174. *Dilma Rousseff e o ódio político*, Tales Ab'Sáber
175. *O enigma Orides*, Gustavo de Castro
176. *Poesia completa*, Orides Fontela

Dados Internacionais de Catalogação na Publicação – CIP

C279   Castro, Gustavo de.
       O enigma Orides / Gustavo de Castro. – São Paulo: Hedra, 2015.

       ISBN 978-85-7715-372-5

       1. Fontela, Orides de Lourdes Teixeira (1940–1998). 2. Biografia de Orides Fontela. 3. Poetisa Brasileira. 4. Literatura Brasileira. 5. Poesia. 6. Cidade de São Paulo. 7. História de Vida. I. Título.

       CDU 929:821.134.1(81)
       CDD 920

Catalogação elaborada por Ruth Simão Paulino

Adverte-se aos curiosos que se imprimiu este livro em nossas oficinas, em 19 de novembro de 2015, em tipologia Libertine, com diversos sofwares livres, entre eles, LuaLaTeX, git & ruby.